DROIT ROMAIN

DU LEGS DE LIBÉRATION

DROIT FRANÇAIS

DE LA

FIN DE NON-RECEVOIR ET DES PRESCRIPTIONS

ÉTABLIES EN MATIÈRE

DE TRANSPORT PAR TERRE

THÈSE POUR LE DOCTORAT

PAR

René HERSENT

AVOCAT A LA COUR D'APPEL

PARIS

LIBRAIRIE NOUVELLE DE DROIT ET DE JURISPRUDENCE

ARTHUR ROUSSEAU, ÉDITEUR

14, RUE SOUFFLOT ET RUE TOULLIER, 13

1890

THÈSE

POUR LE DOCTORAT

DROIT ROMAIN

DU LEGS DE LIBÉRATION

DROIT FRANÇAIS

DE LA

FIN DE NON-RECEVOIR ET DES PRESCRIPTIONS

ÉTABLIES EN MATIÈRE

DE TRANSPORT PAR TERRE

THÈSE POUR LE DOCTORAT

L'ACTE PUBLIC SUR LES MATIÈRES CI-APRÈS

Sera soutenu le Mardi 10 Juin 1890 à 2 heures 1/2.

PAR

René HERSENT

AVOCAT A LA COUR D'APPEL

Président : M. BEAUREGARD.

Suffragants { MM. LABBÉ, *professeur.*
ESMEIN, *professeur-adjoint.*
LÉON MICHEL, *agrégé.*

PARIS

LIBRAIRIE NOUVELLE DE DROIT ET DE JURISPRUDENCE

ARTHUR ROUSSEAU, ÉDITEUR

14, RUE SOUFFLOT ET RUE TOULLIER, 13

1890

Imp. G. Saint-Aubin et Thevenot, Saint-Dizier, 50, passage Verdeau, Paris.

DU LEGS DE LIBÉRATION

INTRODUCTION

Le legs de libération est celui par lequel un testateur charge ses héritiers d'éteindre la dette dont le légataire est tenu soit envers le testateur, soit même envers un tiers.

D'après notre définition, on voit que le legs de libération n'émane pas nécessairement du créancier lui-même ; de même que le testateur peut léguer une chose dont il n'est pas propriétaire, il peut aussi disposer d'une créance qui ne lui appartient pas en condamnant son héritier à libérer le débiteur de cette créance ; il aurait pu lui-même opérer cette libération pendant qu'il était encore en vie, puisque la loi romaine autorisait le paiement pour autrui ; pourquoi ne pourrait-il pas reculer jusqu'après son décès une semblable disposition.

Ainsi compris, le legs de libération fait l'objet d'un

titre entier du *Digeste*, le titre 3 « De liberatione legata »
du livre XXXIV. Mais ce titre ne s'occupe pas exclusivement du legs de libération, puisque certains de ses
fragments sont relatifs au legs par lequel un débiteur
lègue à son créancier ce dont il est tenu envers lui (*legatum debiti*) et au legs par lequel un créancier dispose de
sa créance envers une autre personne que son débiteur
(*legatum nominis*).

Nous laisserons de côté les textes qui traitent du
legatum debiti et du *legatum nominis* et nous commen-
terons seulement ceux qui traitent du legs de libération.

CHAPITRE PREMIER

DE L'OBJET ET DES FORMES DU LEGS DE LIBÉRATION.

Le legs de libération peut avoir pour objet toute espèce de dette : dette de sommes d'argent, dette de choses de genre ; même en supposant que le propriétaire d'un corps certain en soit débiteur, on peut lui léguer sa libération.

Toutefois la validité du legs de libération soulève des objections ; on peut dire en effet qu'un tel legs est nul, parce qu'en léguant au débiteur ce qu'il doit, on lui lègue une chose qui lui appartient ; or ce dernier legs est inutile, d'après les principes de la matière des legs, ainsi que nous le voyons aux *Institutes* : « Sed si rem legatarii quis ei legaverit, inutile est legatum ; quia quod proprium est ipsius, amplius ejus fieri non potest » (1). Mais on répond qu'en léguant au débiteur sa libération, on lui lègue non pas la chose due, mais le droit du créancier sur cette chose; on peut ajouter, avec M. Accarias, que si le débiteur avait payé sa dette, il aurait cessé d'être propriétaire de la chose due, et que l'effet du legs est précisément de lui garantir la perpétuité de son droit de

(1) *Inst.* lib. II, t. 20, § 10.

propriété (1). Cette controverse avait dû être discutée parmi les jurisconsultes, puisque Ulpien juge nécessaire d'affirmer la régularité du legs de libération : « Liberationem debitori posse legari, jam certum est » (2), décision que Justinien confirme dans ses *Institutes* : « Si quis debitori suo liberationem legaverit, legatum utile est et neque ab ipso debitore, neque ab herede ejus potest heres petere, nec ab alio, qui heredis loco est » (3).

Le legs de libération se présente dans les textes sous la forme d'un legs *per damnationem*. La forme du legs *per vindicationem* est inapplicable au legs de libération, puisqu'elle ne convient qu'aux choses dont le testateur est propriétaire et qu'il ne peut pas être question de propriété à propos de créances. La même raison doit nous conduire à écarter la forme *per præceptionem* qui ne s'applique également qu'aux choses dont le testateur est propriétaire au jour de sa mort.

La forme *sinendi modo* ne se rencontre pas dans les textes de notre titre, mais rien n'empêche de concevoir son application au legs de libération et Paul, dans ses *Sentences*, nous exprime formellement son opinion à ce sujet : « Sinendi modo tam corporales res quam quæ in jure consistunt legari possunt et ideo debitori id quod debet recte legatur » (4). Remarquons que l'obligation de laisser prendre ne se comprenant qu'à l'égard des

(1) Accarias, *Précis de Droit romain*, t. 1, p. 990, note 2.
(2) L. 3, pr. D. XXXIV, 3.
(3) *Inst.* lib. II, t. 20, § 13.
(4) *Sent.* lib. III, t. 6, § 11.

choses qui sont dans le patrimoine du débiteur, la chose
léguée doit appartenir d'une manière quelconque au
testateur ou à son héritier lorsque l'hérédité s'ouvrira ;
par conséquent on ne pourrait pas léguer *sinendi modo*
la libération d'une créance appartenant à une personne
qui n'est pas héritière du testateur.

En outre du legs *per damnationem* et du legs *sinendi
modo*, la libération pouvait faire l'objet d'un fidéicommis, puisqu'il est de règle que tout ce qui peut être
légué *per damnationem* peut aussi faire l'objet d'un
fidéicommis. Le fidéicommis de libération avait l'avantage de dispenser le testateur des formes solennelles du
legs à l'époque où elles étaient exigées à peine de nullité et de pouvoir être inséré dans un codicille *ab intes-
tat* ou dans un codicille testamentaire non confirmé. Le
fidéicommis de libération paraît avoir été assez usité
d'après les textes de notre matière ; il avait en effet un
champ d'application plus large que le legs et en principe,
il était traité de la même manière, sauf qu'il donnait lieu
à une *persecutio* devant le préteur au lieu d'une action
renvoyée devant le juge.

CHAPITRE II

DES PERSONNES POUVANT FAIRE UN LEGS DE LIBÉRATION.

Nous diviserons ce chapitre en deux sections dans lesquelles nous examinerons successivement le cas où la créance dont la libération a été léguée appartient à un créancier unique et le cas où elle appartient à plusieurs créanciers.

SECTION PREMIÈRE. — LEGS DE LIBÉRATION RELATIF A UNE CRÉANCE APPARTENANT A UN CRÉANCIER UNIQUE.

Selon la définition que nous avons donnée du legs de libération, cette libéralité peut émaner du créancier lui-même, ou d'une personne étrangère à la créance.

Tout créancier peut faire un legs de libération, à condition naturellement qu'il ait la capacité de disposer par testament; il n'y a ici rien de spécial à notre matière.

Lorsque le legs de libération émane d'un non-créancier, on se trouve en présence d'un legs de la chose d'autrui, puisque le testateur dispose d'un droit de créance qui ne lui appartient pas. La question est alors de savoir s'il faut appliquer à notre legs les règles spéciales du legs de la chose d'autrui. Les Romains, en effet,

appréciaient la validité du legs de la chose d'autrui d'après
la distinction suivante : le testateur sait-il que la chose
léguée ne lui appartient pas, le legs est valable et l'héritier est tenu de se procurer la chose pour en transférer
la propriété au légataire, ou d'en fournir l'estimation à
celui-ci, si le propriétaire ne consent pas à la vendre ;
le testateur, au contraire, se croit-il propriétaire, le legs
est nul : « forsitan enim si scisset alienam, non legas-
set » (1) nous disent les *Institutes*. Dans cette dernière
hypothèse, on présume donc que le testateur qui se croit
propriétaire de la chose léguée n'aurait pas imposé à
son héritier l'obligation d'acheter la chose ou d'en fournir la valeur estimative, s'il avait connu que cette chose
appartenait à autrui. Comme les créances ne donnent
pas lieu d'ordinaire à une estimation, l'obligation de
l'héritier se réduira le plus souvent, dans le cas de legs
de libération fait par un non-créancier, à payer au créancier le montant de la dette ; on pourrait donc soutenir
qu'il y sera toujours tenu, car son obligation n'atteindra
jamais les proportions exorbitantes auxquelles peut
atteindre, par suite des prétentions d'un propriétaire
ou l'arbitraire d'une expertise, l'obligation de l'héritier
chargé d'acheter un fonds de terre, par exemple, pour en
transférer la propriété au légataire. Néanmoins, nous
croyons qu'il faut appliquer au legs de libération fait par
un non-créancier la distinction exposée ci-dessus, sans
s'arrêter à la différence de situation de l'héritier. Il y a

(1) *Inst.* lib. II, t. 20, § 4.

en effet une autre situation où cette distinction est encore appliquée ; c'est le cas où la chose léguée est hypothéquée ; l'héritier, nous disent les *Institutes* (1), devra dégager la chose léguée avant de la livrer au légataire, si le testateur savait qu'elle était hypothéquée ; il ne sera donc pas tenu de cette obligation si le testateur ignorait l'hypothèque. Ici, les motifs que nous avons donnés pour justifier la distinction dans le cas de legs de la chose d'autrui, ne se rencontrent plus ; pourtant le texte donne la même solution. Nous pouvons donc argumenter par analogie de cette solution pour appliquer la distinction faite dans le cas du legs de la chose d'autrui à l'hypothèse du legs de libération adressé à un débiteur étranger au testateur qui constitue du reste, ainsi que nous l'avons dit en commençant cette section, un véritable legs de la chose d'autrui.

Cette distinction, satisfaisante en théorie, aboutira pratiquement à de nombreux procès dans lesquels le légataire, en sa qualité de demandeur, devra prouver que le testateur a bien su qu'il léguait la libération d'une créance qui ne lui appartenait pas. Telle est l'obligation imposée au légataire de la chose d'autrui ; on présume donc que le testateur ignorait la consistance de son patrimoine, puisque le légataire devra fournir la preuve contraire, et la singularité d'une semblable présomption aurait pu faire admettre ici une dérogation aux principes

____

(1) *Inst.* liv. II, t. 20, § 5.

en matière de preuve. Cependant, par faveur pour l'héritier, on a laissé au légataire le fardeau de la preuve.

SECTION II. — LEGS DE LIBÉRATION RELATIF A UNE CRÉANCE
APPARTENANT A PLUSIEURS CRÉANCIERS.

Dans cette section nous étudierons le cas où la créance qui a fait l'objet du legs de libération appartient à plusieurs *correi stipulandi,* et le cas où le legs a été fait par l'un des créanciers d'une dette indivisible.

§ 1. — *Legs de libération fait par un* correus stipulandi.

Les textes de notre titre prévoient l'hypothèse d'un legs de libération adressé à un *correus debendi* ; ils ne prévoient pas le cas de la libération léguée par un *correus stipulandi.* Nous serons donc forcé de raisonner par des arguments d'analogie et d'anticiper un peu sur le chapitre des effets du legs de libération. Pour savoir si un *correus stipulandi* peut faire au débiteur commun un legs de libération, nous distinguerons si les créanciers corréaux sont associés ou non.

Plaçons-nous d'abord dans l'hypothèse des *correi socii.* Si, au lieu d'un legs de libération, l'un des *correi stipulandi socii* avait consenti au débiteur un pacte de *non petendo,* ce pacte, même fait *in rem,* nous dit Paul (1), *ne doit pas nuire* aux autres *correi.*

Le jurisconsulte se place dans l'hypothèse de deux

____
(1) L. 27, pr. D., II, 14.

banquiers associés, et il ajoute qu'il faudrait dire la même chose de deux *correi stipulandi* qu'il suppose évidemment associés. Or le legs de libération n'éteignant la dette qu'*exceptionis ope* comme le pacte *de non petendo*, ainsi que nous le dirons plus loin d'une façon plus détaillée, on peut appliquer ce que nous dit Paul des effets du pacte *de non petendo* au legs de libération, et voici le résultat auquel on arrive. Le débiteur auquel l'un des *correi stipulandi socii* a adressé un legs de libération ne peut plus être poursuivi utilement par l'héritier de ce *correus* ; au contraire l'autre *correus* conservera intégralement son droit de poursuite et pourra se faire payer quand il voudra. Mais comme il doit compte à son associé de la moitié de ce qu'il a touché, si nous supposons que chacun avait des droits égaux dans la société, il devra rembourser cette moitié aux héritiers du *socius* décédé, auteur du legs de libération, de sorte qu'en définitive ce legs n'aura eu pour effet que d'interdire aux héritiers du testateur de prendre l'initiative des poursuites.

Ce résultat auquel on est conduit par le seul raisonnement est vraiment par trop contraire aux intentions du testateur pour être admissible. Aussi Vinnius (1) permettait-il au débiteur d'invoquer le legs de libération à l'encontre du *correus* du testateur dans la mesure de la part que ce dernier avait dans la créance. Cette solution peut paraître en opposition avec le texte de Paul, en admettant l'assimilation que nous avons faite du pacte au

(1) *Selectæ Quæstiones*, lib. I, cap. 6.

legs de libération. En effet, peut-on dire, le texte de Paul
déclare que le pacte fait par l'un des *correi stipulandi* ne
doit pas nuire à l'autre ; il doit en être de même du legs
de libération. Or, dans la solution de Vinnius, le legs de
libération nuit à l'autre *correus stipulandi*, puisqu'il l'empêche d'exiger le montant total de la dette, comme c'est
son droit. On peut répondre d'abord qu'en définitive, le
legs de libération ne nuit pas au *correus stipulandi*, car
puisqu'il était associé avec le *correus* testateur, il devra
toujours rendre compte à ses héritiers d'une partie de
ce qu'il aura touché ; le préjudice que lui cause le legs
de libération, s'il y a là un préjudice, n'est donc que
momentané. On peut ajouter ensuite que le texte de Paul
est relatif à la matière des pactes, et que la matière des
legs est plus favorable que celle des pactes, les intentions
du testateur devant toujours être recherchées et exécu-
tées autant que possible. Or si l'on peut dire, à la ri-
gueur, que le *correus stipulandi* qui a consenti un pacte
de remise au débiteur n'a eu pour but que de le libérer
des poursuites qu'il pouvait exercer contre lui sans
amoindrir l'obligation vis-à-vis de son *socius*, il est certain qu'une interprétation aussi sévère ne saurait être
donnée quand le *correus stipulandi* a chargé son héritier
de libérer le débiteur ; ce legs doit profiter au légataire
à un autre point de vue qu'à celui de la poursuite, et doit
lui procurer au moins l'avantage de ne plus rien avoir à
payer aux héritiers du testateur, même d'une façon in-
directe.

On serait même tenté de donner au legs de libération fait par un des *correi socii* une portée plus considérable. En effet, voilà un créancier qui peut à lui tout seul, sauf à tenir compte à la société de la perte qu'il lui fait subir, éteindre la dette par acceptilation et par les autres modes d'extinction assimilés à l'acceptilation ; il peut même se procurer le bénéfice exclusif de l'obligation aussitôt après sa naissance en faisant novation (1) avec le débiteur, et il ne pourrait pas léguer la libération totale à ce débiteur en chargeant ses héritiers d'indemniser la société ! Il faut le reconnaître, le débiteur aurait dû profiter pour le tout du legs de libération. S'il n'en est pas ainsi, cela provient de ce que le legs de libération, ainsi que nous le dirons plus loin, n'était pas un mode d'extinction *ipso jure* des obligations ; le légataire, pour obtenir la délivrance de son legs, c'est-à-dire la libéraration, doit intenter une *condictio ex testamento* contre l'héritier, mais qu'obtiendra-t-il par cette *condictio* ? Les textes de notre titre nous indiquent dans chaque espèce le moyen qu'il faudra employer : ce sera tantôt une acceptilation, tantôt un pacte *de non petendo*, suivant les circonstances ; ainsi nous verrons plus loin dans un texte d'Ulpien que le *correus promittendi socius* pourra exiger l'acceptilation de l'héritier du créancier afin d'être à l'abri

(1) Il faut remarquer que Paul, dans le texte que nous avons cité plus haut, refuse au *correus stipulandi* le droit d'éteindre la créance commune par une novation. Mais cette solution est formellement contredite par un texte de Venuleius que nous avons le droit de faire prévaloir parce qu'il est placé au siège même de la matière, au titre des novations. L. 31, § 1, D., XLVI, 2.

de tout recours de la part de ses codébiteurs. Ici, au
contraire, les textes sont muets et, en l'absence d'une décision formelle, nous ne nous croyons pas autorisés à dire
que le légataire pourra exiger l'acceptilation au moyen
de la *condictio legatorum*, car ce serait porter atteinte
aux droits de l'autre *correus stipulandi* ; si on n'a pas
accordé au débiteur le droit d'obtenir une acceptilation,
c'est évidemment par faveur pour l'héritier, afin de le
dispenser de payer à l'autre *correus socius* la part du
testateur dans l'obligation. Le débiteur n'aura donc droit
qu'à un pacte *de non petendo*, mais, comme l'autre *correus stipulandi* pourra lui demander toute la dette, il
faut admettre au moins, avec Vinnius, que le débiteur
aura la faculté d'invoquer le pacte dans la mesure de la
part que le testateur avait dans l'obligation. Autrement
le legs de libération n'aurait qu'un effet par trop restreint
et n'imposerait aucune charge à l'héritier, puisque celui-
ci, en exerçant l'action *pro socio* contre le *correus stipulandi* qui a touché la dette, obtiendrait immédiatement
la part à laquelle le testateur avait droit dans l'obligation.

Si nous supposons maintenant que les *correi stipulandi* n'étaient pas associés, il est certain que le legs de
libération fait par l'un d'eux ne vaudra pas contre l'autre,
ni pour la totalité de la dette, ni même pour une fraction,
car la raison que nous avons donnée dans l'hypothèse
précédente pour justifier l'opinion de Vinnius n'existe
plus ici. Le legs de libération n'aura donc effet que vis-
à-vis de l'héritier du testateur ; il affranchira le débiteur

de la poursuite de cet héritier, mais le laissera soumis
à la poursuite de l'autre *correus stipulandi*.

§ 2. — *Legs de libération fait par un créancier d'une dette indivisible.*

Supposons une créance indivisible qui appartient à
deux personnes en commun. L'une d'elles a fait un legs
de libération au débiteur ; quel sera l'effet de ce legs ?
Il est évident qu'il ne pourra porter atteinte aux droits
de l'autre créancier ; celui-ci va donc pouvoir exiger le
montant total de l'obligation puisque la dette est indivisible. Seulement, voici ce qui va se passer maintenant. L'héritier du testateur aura dans la plupart des
cas un recours contre le créancier qui a touché la dette ;
ce recours s'exercera probablement par l'action *familiæ
erciscundæ* ou l'action *communi dividundo*, de sorte qu'en
définitive le legs n'aura imposé aucune charge à l'héritier. Ce résultat est trop peu conforme aux intentions
du testateur pour être admissible ; comment l'éviter ?
Il ne peut être question ici, comme dans l'hypothèse des
correi stipulandi socii, de permettre au débiteur d'opposer une exception tirée du pacte de remise que l'héritier a pu lui consentir dans la mesure de la part que le
testateur avait dans la créance. En effet, l'obligation
indivisible entraîne la nécessité de demander le tout ou
de ne rien demander ; le débiteur, poursuivi pour le
tout, a donc dû exécuter l'obligation toute entière ; seulement nous croyons qu'il aura un recours contre l'hé-

ritier du testateur ; il lui demandera par l'action *ex tes-*
tamento une indemnité égale au montant de l'intérêt
que le testateur avait dans l'obligation.

Si le débiteur n'exécute pas l'obligation en nature, il
sera condamné à des dommages-intérêts envers le créancier poursuivant, mais seulement dans la mesure de l'intérêt personnel de ce dernier, car, nous dit fort justement M. Accarias, « à condamner le débiteur pour le
tout, il y aurait ce double inconvénient de faire courir
aux cocréanciers du poursuivant le risque de l'insolvabilité de ce dernier et de lui imposer à lui-même une
responsabilité inutile » (1).

La solution précédente ne serait plus exacte dans
l'hypothèse où les créanciers d'une chose indivisible
seraient dépourvus de tout recours entre eux. Cette
hypothèse est tout à fait exceptionnelle ; nous ne voyons
même pas, *a priori*, comment on pourrait la construire.
Supposons cependant qu'elle se présente ; alors les
créanciers n'étant plus forcés de partager le bénéfice de
la créance, le débiteur légataire de libération ne pourra
plus, comme dans l'hypothèse précédente, intenter contre l'héritier du créancier testateur la *condictio ex testa-*
mento pour lui faire rembourser ce qu'il a touché du
chef du testateur ; le légataire devra même être condamné à des dommages-intérêts égaux au montant total
de la dette à défaut d'exécution de l'obligation, puisque

(1) Accarias, *Précis de Droit romain,* t. 2, n° 517, *in fine.*

les créanciers sont dépourvus de tout recours entre eux;
donc le legs de libération n'aura pour effet que d'empêcher l'héritier du testateur de prendre l'initiative des
poursuites.

CHAPITRE III

DES PERSONNES A QUI LA LIBÉRATION PEUT ÊTRE LÉGUÉE.

C'est au débiteur du testateur que le legs de libération s'adresse le plus fréquemment ; c'est l'hypothèse que supposent les textes de notre titre et à laquelle Pothier a consacré une des sections de son commentaire sur le legs de libération (1). Le jurisconsulte nous dit qu'on peut léguer la libération à son débiteur de quatre manières différentes que nous allons rapidement passer en revue.

On peut d'abord léguer expressément la libération à son débiteur au moyen d'un legs *per damnationem*. Le testateur s'exprimera dans les termes suivants : « Heres meus damnas esto liberare debitorem meum ». Pothier nous fait remarquer que ce legs ne produit pas la libération *ipso jure*, mais simplement une créance de libération ; cette idée, que nous avons déjà eu l'occasion d'exprimer incidemment, sera développée au chapitre des effets du legs de libération.

On peut en second lieu léguer au débiteur l'objet même de la dette. Le testateur dira par exemple : « Fun-

(1) Pothier, *Pand. Just.*, lib. XXXIV, tit. 3, sect. I. « De illa legati specie qua creditor debitori legat liberationem ».

dum Cornelianum, quod mihi Titius debet, ei do, lego ».
Bien qu'un tel legs paraisse, à première vue, revêtu de
la forme *per vindicationem,* il n'en est pas moins en
réalité un véritable legs *per damnationem.* Car le fonds
Cornélien appartient à Titius, puisqu'il le doit, et par
conséquent le créancier ne peut le léguer *per vindicationem* ; mais il peut léguer au débiteur le droit de créance
qu'il a relativement au fonds Cornélien et ce legs produira la libération du débiteur. C'est ce que nous dit
Ulpien dans les termes suivants : « Omnibus debitori-
bus, ea quæ debent, recte legantur, licet domini eorum
sint » (1).

Lorsque le débiteur a garanti son obligation par un
gage ou une hypothèque, le legs de la chose ainsi donnée
en garantie emportera-t-il libération de la dette ? Cette
question a été discutée par les anciens interprètes dont
la plupart soutenaient la négative. Bartole, au contraire,
disait que ce legs devait libérer le débiteur à condition
que le gage fût de même valeur que la dette. Cette opinion est contraire à celle de Julien rapportée par Ulpien
au commencement de notre titre (2). Julien en effet
nous dit que le legs du *pignus* est valable et que le débiteur peut en exiger la restitution avant de payer la dette
dont il reste tenu. Ulpien ajoute ensuite : « Sic autem
loquitur Julianus, quasi debitum non debeat lucrari.
Sed si alia testantis voluntas fuit, et ad hoc pervenietur

(1) L. 1, pr. D. XXXIV, 3.
(2) L. 1, § 1. D. XXXIV, 3.

exemplo luitionis ». Ainsi, d'après Ulpien, le legs du *pignus* pourra emporter libération de la dette lorsque telle aura été l'intention du testateur; mais nous ajoutons que ce sera au légataire à prouver cette intention et qu'une libéralité aussi considérable ne pourra pas se présumer.

En troisième lieu, nous dit Pothier, le legs de libération fait au débiteur du testateur peut se présenter sous la forme d'une défense de réclamer la dette faite à l'héritier. Cette défense peut être faite soit pour toujours, soit pour un certain temps seulement. Scævola cite l'exémple d'un testateur qui a mis en dépôt chez un certain Apronianus une somme de cent et qui défend à son héritier de la réclamer jusqu'à ce que son fils ait atteint l'âge de 20 ans ; il lui interdit de plus de rien réclamer pour les intérêts (1). Ce fidéicommis d'après Scævola permettra à Apronianus d'exiger que l'héritier ne lui réclame pas les cent avant l'époque fixée par le testateur.

La défense faite à l'héritier de rien réclamer au débiteur peut même être tacite et s'induire de circonstances accompagnant un autre legs. Scævola nous cite une hypothèse curieuse dans laquelle il admet que le créancier a adressé un fidéicommis tacite de libération à son débiteur (2). Un grand-père a légué à chacun de ses petits-fils une somme de cent et il a ajouté : « Je vous demande

(1) L. 28, § 8. D. XXXIV, 3.
(2) L. 17, § 1. D. XLIV, 4.

pardon car j'aurais pu vous léguer davantage, si je n'é-
tais mécontent de votre père Fronto à qui j'ai prêté une
somme de quinze que je n'ai jamais pu lui faire restituer,
et en dernier lieu les ennemis m'ont enlevé presque toute
ma fortune ». Ces petits-fils, ayant hérité de leur père,
ont hérité également de sa dette de quinze envers leur
grand-père et l'héritier du grand-père voulait leur faire
rembourser ces quinze. Scævola, consulté par les petits-
fils, leur répond qu'ils pourront opposer l'exception de
dol à la réclamation de l'héritier, parce que leur grand-
père a tacitement renoncé à cette créance de quinze
dans la disposition accessoire accompagnant le legs qu'il
leur a fait.

En quatrième lieu la libération peut être léguée au
débiteur du testateur par la remise du billet constatant
l'obligation. Cette remise peut s'effectuer de trois manières. Le créancier peut d'abord l'opérer lui-même à
son lit de mort, de la main à la main ; Ulpien (1) nous
apprend que ce fait équivaut à un fidéicommis de libération et qu'il permet au débiteur d'opposer une exception à l'héritier. Le créancier peut encore *léguer le chi-
rographe*, c'est-à-dire imposer à son héritier l'obligation
de remettre le billet au débiteur ; l'effet de ce legs nous
est indiqué par Julien (2). « Qui chirographum legat,
non tantum de tabulis cogitat, sed etiam de actionibus,
quarum probatio tabulis continetur ». Enfin le créancier

(1) L. 3, § 1. D. XXXIV, 3.
(2) L. 59. D. XXXII.

peut remettre le billet entre les mains d'un tiers ; ce tiers sera chargé de donner le billet au débiteur si le disposant meurt ou de le restituer au disposant s'il recouvre la santé ; il y a là un fidéicommis compliqué d'une donation à cause de mort. Dans cette hypothèse, Julien (1) autorise le débiteur à opposer une exception de dol à la poursuite de l'héritier.

Les quatre manières que Pothier indique comme étant celles dont on peut laisser la libération à son débiteur ne sont pas les seules ; nous en rencontrerons d'autres au cours de ce travail et nous les étudierons au fur et à mesure qu'elles se présenteront.

Le legs de libération peut être adressé, ainsi que nous l'avons dit, à d'autres personnes qu'au débiteur du testateur. Il peut d'abord être fait au débiteur de l'héritier. C'est l'hypothèse prévue par Papinien dans la loi 24 de notre titre et sur laquelle nous reviendrons au chapitre de l'extinction du legs de libération. Dans cette hypothèse, l'obligation imposée à l'héritier est la même que dans l'hypothèse précédente et, à ce point de vue, nous n'avons rien de spécial à signaler ici.

On peut ensuite léguer à l'un de ses héritiers la libération de sa part dans les dettes héréditaires. Nous trouvons un exemple de ce genre de legs dans l'espèce suivante du jurisconsulte Scævola (2). Un père ayant institué héritiers son fils et sa fille, et leur ayant fait certains legs

(1) L. 3, § 2. D. XXXIV, 3.
(2) L. 34, § 3. D. XXXII.

per præceptionem, s'adresse ensuite à son fils en ces termes : « A te autem, fili carissime, peto, quæcumque legavi, præstari volo ; et si quid evenit aeris alieni, si quod in tempus pro mutuo acceperam et debuero, a te solvi volo ; ut quod sorori tuæ reliqui, integrum ad eam pertineat ». Ce fidéicommis mettant à la charge du fils l'ensemble des dettes héréditaires, la fille sera libérée de la part qu'elle aurait dû supporter dans le passif de la succession.

Le legs de libération peut ensuite s'adresser au fidéjusseur du testateur ou à tout autre *intercessor* qui s'est obligé pour lui ; dans ce cas l'effet du legs devra être restreint, comme nous le verrons, à la personne de l'*intercessor*.

Enfin le testateur peut léguer la libération au débiteur d'un tiers ; nous savons que, dans cette hypothèse, on applique les règles du legs de la chose d'autrui.

CHAPITRE IV

DES DETTES POUVANT FAIRE L'OBJET DU LEGS DE LIBÉRATION.

Le legs de libération peut avoir pour objet toute espèce de dette, quelle qu'en soit la cause, pourvu que le
légataire retire quelque utilité de la libéralité du testateur. On pourra donc léguer la libération d'une dette
naturelle, bien que le débiteur soit à l'abri des poursuites du créancier, parce qu'un tel legs amènera l'extinction des garanties qui ont pu être données ; ainsi les
hypothèques disparaîtront, les cautions seront libérées,
la compensation deviendra impossible ; enfin, si le débiteur se considérait encore comme moralement engagé à
payer la dette, le legs de libération mettra sa conscience
complètement en repos, mais ceci est une utilité dont
ne profiteront que les gens scrupuleux et dont le droit
strict n'a pas à tenir compte.

De même on pourra léguer la libération d'une dette
délictuelle, par exemple une dette née d'un vol (1).

Lorsque le legs de libération est appliqué à une dette
alternative, il produit des conséquences différentes suivant que le choix appartient au débiteur ou au créancier.

(1) L. 8, §7. D. XXXIV, 3.

Supposons d'abord que le choix appartienne au débiteur. Ulpien commentant Julien (1) se place dans l'hypothèse d'un créancier qui a stipulé Stichus ou la somme de dix et qui condamne son héritier à ne pas réclamer Stichus. Ce legs, nous dit Ulpien, aura pour effet de libérer absolument le débiteur qui pourra exiger une acceptilation ; car si l'héritier pouvait demander les dix, il commettrait une *plus petitio causa*, et le débiteur lui répondrait justement qu'il entendait se libérer en payant Stichus et qu'il ne peut pas être privé de ce droit puisque le choix lui appartient.

Supposons maintenant que le choix appartienne au créancier. Le texte d'Ulpien ne prévoit pas cette hypothèse, mais, d'après les principes, la solution précédente ne nous paraît plus applicable ici. En effet le créancier, en chargeant son héritier de ne pas réclamer Stichus, a porté son choix sur la somme de dix ; le legs ne produira donc pas la libération absolue du débiteur, mais transformera seulement la dette alternative en une dette pure et simple. Le débiteur y trouvera encore son avantage, en supposant que Stichus soit d'une valeur supérieure à la somme de dix ; il ne pourra donc pas exiger l'acceptilation et l'héritier, en lui demandant les dix, ne commettra pas de *plus petitio*, puisque le choix appartenait au créancier.

Lorsqu'on a légué la libération d'une dette conditionnelle ou à terme, le legs est toujours réputé pur et sim-

(1) L. 7, § 1. D. XXXIV, 3.

ple, ce qui permet au légataire d'agir *ante conditionem impletam* ou *ante diem* pour obtenir sa libération (1).

Le legs de libération suppose nécessairement l'existence d'une dette ; si la dette n'existait pas, le legs n'aurait aucun effet. Mais sans être inexistante, la dette peut être douteuse, et ce doute suffit pour assurer la validité éventuelle du legs. C'est ce qui résulte d'un texte de Paul (2) qui traite l'hypothèse suivante : Un testateur a interdit à son héritier de continuer une instance entamée devant le tribunal centumviral ; c'est l'abandon de ses prétentions contre l'adversaire ; ce legs sera-t-il utile comme legs de libération ? Oui, répond Paul, si l'adversaire du testateur devait succomber dans le procès ; non, s'il devait triompher.

L'appréciation de la validité du legs dépendra donc d'une entente des parties au sujet de leurs droits ; à défaut de cette entente, un deuxième procès se greffera sur le premier pour savoir lequel des deux adversaires aurait succombé. Il est intéressant, en effet, de savoir si le legs est valable, principalement au point de vue de sa réduction éventuelle ; remarquons aussi que les frais du procès seront toujours à la charge de l'héritier, car, lorsque le legs est valable, Paul nous dit qu'il comprend aussi les frais de l'instance, et lorsqu'il est nul, l'héritier devant succomber, paiera naturellement les frais du procès.

(1) L. 19, § 3, D. XXXVI, 2.
(2) L. 30. D. XXXIV, 3.

Lorsque le débiteur est protégé par une exception perpétuelle, sa dette existe sans doute, mais l'action du créancier est paralysée, ce qui fait dire à Julien (1) que le legs de libération adressé à un semblable débiteur est inutile. Observons cependant que le débiteur trouverait dans le legs le bénéfice d'être désormais complètement à l'abri de toute poursuite ; il pourrait obtenir une accceptilation opérant libération *ipso jure*, ce qui lui procurerait une plus grande sécurité. La solution de Julien est donc peut-être un peu excessive, car le legs de libération assurerait au débiteur un avantage réel.

Le testateur pourra-t-il léguer la libération d'une portion de la dette seulement ? Oui, nous dit Ulpien (2) commentant une décision de Julien, car, bien que le paiement ne doive pas être partiel, le créancier a certainement le droit de recevoir un semblable paiement, et rien ne doit l'empêcher d'y consentir par testament. Le legs de libération partielle sera donc valable lorsqu'il s'appliquera à la créance du testateur. Mais quand le testateur aura légué la libération partielle d'une créance appartenant à un tiers, il est évident qu'on ne pourra pas contraindre le créancier à recevoir de l'héritier un paiement partiel. Cependant nous ne croyons pas que le legs soit inutile ; le débiteur et l'héritier en effet n'auront qu'à s'entendre pour effectuer le même jour le paiement des deux por-

(1) L. 13. D. XXXIV, 3.
(2) L. 7, pr. D. XXXIV, 3.

tions de la dette ou pour charger l'un d'entre eux d'effectuer le paiement total.

Au lieu de léguer la libération d'une somme moindre que celle qui est due, il se peut que le testateur ait légué la libération d'une somme plus forte ; Ulpien et Julien (1) décident que l'effet du legs sera limité au montant réel de la dette. La volonté du testateur l'emportera donc ici sur les termes employés ; le débiteur pourra exiger sa libération jusqu'à concurrence de la somme due et rien de plus.

(1) L. 7, § 2. D. XXXIV, 3.

CHAPITRE V

Ainsi qu'il résulte de tous les textes relatifs à notre matière, l'effet du legs de libération est de produire une créance de libération en faveur du légataire. Ce résultat se comprend aisément quand il s'agit d'un legs de libération adressé au débiteur d'un tiers, car il ne peut pas dépendre de la volonté du testateur de mettre à néant la créance d'autrui. Mais lorsque le legs émane du créancier lui-même, il semblerait, au premier abord, qu'il devrait amener l'extinction immédiate de la créance. Même dans cette hypothèse cependant, le legs n'éteignait pas directement l'obligation et ne fournissait au débiteur qu'un moyen d'exception, par la raison que le Droit romain n'avait pas compris le legs parmi les modes d'extinction des obligations. Ajoutons que le legs de libération affectant seulement la forme d'un legs *per damnationem* ou d'un fidéicommis, il serait singulier de lui attribuer un effet aussi puissant qu'au paiement ou à l'acceptilation ; il est de l'essence même d'un legs *per damnationem* de ne produire qu'une créance ; c'est un mode de création et non un mode d'extinction des obligations. Cette façon de comprendre le legs de libération offrait en plus de sérieux avantages dans le cas où l'effet de la libéralité devait être restreint quant aux personnes, ainsi que nous le démontrerons plus loin.

L'étude des effets du legs de libération sera divisée en trois sections. Dans la première section nous supposerons que le legs s'adresse au débiteur unique du testateur ou de l'héritier. Dans une seconde section nous étudierons les effets du legs de libération lorsqu'il s'adresse à l'un de plusieurs débiteurs d'une même dette. Enfin la troisième section sera consacrée au legs de libération fait au débiteur d'autrui.

SECTION PREMIÈRE. — EFFETS DU LEGS DE LIBÉRATION ADRESSÉ AU DÉBITEUR UNIQUE DU TESTATEUR OU DE L'HÉRITIER.

Ulpien (1) nous apprend que le légataire de libération peut procéder de deux façons : ou bien attendre la poursuite de l'héritier et la repousser par l'exception de dol, ou bien prendre l'initiative de la poursuite en exerçant contre l'héritier la *condictio ex testamento* à l'effet d'en obtenir une acceptilation, ce qui éteindra *ipso jure* son obligation et le dispensera par conséquent de faire insérer une exception dans la formule s'il vient plus tard à être poursuivi par l'héritier.

Si l'héritier refuse de faire acceptilation au légataire, il sera condamné au montant de l'intérêt que le légataire avait à obtenir cette acceptilation, c'est-à-dire au mon-

(1) L. 3, § 3. D. XXXIV, 3.

tant même du legs. De cette manière, si plus tard l'héritier venait réclamer la dette au légataire, celui-ci lui réclamerait à son tour la condamnation qu'il a fait prononcer contre lui. Inutile d'observer qu'une telle résistance de la part de l'héritier n'est guère probable, attendu qu'il a tout intérêt à faire acceptilation dès que la validité du legs est reconnue et à ne pas prolonger un débat qui se terminera certainement à son désavantage.

Le fidéicommis de libération produira les mêmes effets que le legs ; c'est ce que nous dit Papinien (1) qui accorde au fidéicommissaire une exception et une action ou plutôt une *persecutio*.

Le legs de libération fait au débiteur profitera à ses héritiers ; cette solution, que les principes généraux en matière de legs auraient suffi à donner, nous est expressément indiquée par Pomponius et par Ulpien (2).

Mais le testateur peut restreindre l'effet de sa libéralité à la personne de son débiteur. Cette restriction nous est présentée par Pomponius (3) qui suppose un legs ainsi conçu : « Heres meus a solo Lucio Titio ne petito » ; dans cette hypothèse le legs de libération ne profitera pas à l'héritier de Lucius Titius ; en conséquence, tant que vivra Lucius Titius, la poursuite sera impossible, mais elle deviendra efficace après sa mort contre son héritier parce que le legs était attaché à la personne de Lucius Titius. Ce dernier ne pourra donc pas deman-

(1) L. 22. D. XXXIV, 3.
(2) L. 8, § 4. L. 15. D. XXXIV, 3.
(3) L. 8, § 3. D. XXXIV, 3.

der une acceptilation à l'héritier du testateur, ce qui éteindrait radicalement la dette, mais seulement un pacte *de non petendo in personam* qui lui fournira une exception *pacti conventi*, laquelle aura sur l'exception de dol tirée du testament l'avantage d'impliquer reconnaissance du legs de libération de la part de l'héritier du testateur. Si ce dernier, contrairement aux intentions de son auteur, intentait des poursuites contre Lucius Titius, il commettrait une *plus petitio tempore* et serait frappé de la peine qui y est attachée. Cette peine est la déchéance avant Zénon ; cet empereur remplaça la déchéance par la suspension du droit de poursuite pendant une période égale au double du temps restant à courir depuis le jour de la demande jusqu'à celui de l'échéance, décision qui fut confirmée par Justinien ; dans notre hypothèse cette période sera le double du temps qui s'écoulera entre le jour de la poursuite contre Lucius Titius et celui de l'acceptation de son hérédité.

A l'inverse, pourrait-on léguer la libération à l'héritier du débiteur sans la léguer au débiteur lui-même. Le texte de Pomponius ne soulève pas cette question, que nous résolvons affirmativement, pourvu que le testateur ait désigné uniquement l'héritier du débiteur et qu'il l'ait désigné nominativement en ajoutant: « s'il est héritier du débiteur » ; autrement, le legs serait nul comme adressé à une personne incertaine, du moins avant Justinien qui déclara valables les legs faits aux personnes incertaines.

Les mêmes restrictions peuvent être imposées par le
testateur en se plaçant au point de vue de ses propres
héritiers. Ainsi le testateur pourrait défendre à son héritier de poursuivre le débiteur, tout en autorisant la
poursuite au profit de l'héritier de son héritier. Les textes ne prévoient pas cette hypothèse, mais ils prévoient
l'hypothèse inverse, celle où le testateur a permis la
poursuite à son héritier et l'a interdite à l'héritier de son
héritier (1). Cette disposition est avantageuse au débiteur, car, si l'héritier vient à mourir promptement sans
avoir entamé les poursuites, le débiteur sera libéré.

Les effets du legs de libération peuvent encore être
restreints à un autre point de vue. Le testateur peut en
effet se borner à dispenser son débiteur de rendre des
comptes à ses héritiers. Ulpien nous décrit l'effet d'une
semblable disposition dans les termes suivants : « Si
quis rationes exigere vetetur ut est sæpissime rescrip-
tum, non impeditur reliquas exigere, quas quis se reli-
quavit, et si quid dolo fecit, qui rationes gessit. Quod
si quis et hæc velit remittere, ita debet legare : *Damnas
esto heres meus, quidquid ab eo exegerit illa vel illa
actione, id ei restituere, vel actionem ei remittere* » (2).
Ainsi une telle disposition n'implique que la dispense
de rendre un compte minutieux de l'administration ;
mais elle ne permet pas au légataire de conserver le
reliquat du compte et ne l'exonère pas des conséquences

(1) L. 15. D. XXXIV, 3.
(2) L. 9. D. XXXIV, 3.

de son dol. La dispense de rendre compte n'est donc pas un véritable legs de libération, à moins que le testateur n'y ait ajouté la formule qu'Ulpien nous indique à la fin du fragment cité plus haut ou une formule analogue.

Nous n'étudierons pas ici la dispense de rendre compte, à laquelle Pothier a consacré une section spéciale et qui sortirait du cadre que nous nous sommes tracé. Nous mentionnerons seulement une hypothèse spéciale qui peut donner matière à controverse et où l'on peut voir un véritable legs de libération. Scævola suppose une femme qui a fait à son tuteur le legs suivant : « Rationem tutelæ, quam egit Julianus Paulus cum Antistio Cicerone, posci ab eo nolo, eoque nomine causa omni liberatum esse volo » (1). Le jurisconsulte, malgré les termes si larges que la testatrice a employés, nous dit que le reliquat du compte de tutelle n'est pas compris dans la disposition. Cette solution semble formellement contredite par un autre texte du même Scævola (2) où le jurisconsulte, dans une hypothèse identique à la précédente, donne une conclusion toute opposée dans les termes suivants : « Respondit, nihil proponi, cur non pecunia, quæ pupillæ est, et apud tutorem remaneret, legata videretur ». Il y a entre ces deux textes une contradiction évidente. Diverses explications ont été proposées. D'après Cujas, il faudrait supprimer l'adverbe *non* qui précède le mot *pecunia* et alors les

(1) L. 28, § 4. D. XXXIV, 3.
(2) L. 31, § 2. D. XXXIV, 3.

deux réponses de Scævola concordent. Duirsema n'efface pas la négation, mais il transforme l'expression *legata* en *negata*, c'est-à-dire que Scævola ne voit pas pourquoi le reliquat du compte, qui appartient à la pupille, serait refusé à son héritier. Pothier enfin, après avoir rapporté les deux explications précédentes, en propose une troisième où le texte est maintenu dans toute son intégrité ; il suppose que le motif qui a conduit Scævola à attribuer le reliquat au tuteur est une concession faite à l'intérêt que la testatrice portait à un membre de sa famille.

Cette interprétation est probablement inspirée par un autre fragment (1) de Scævola où le jurisconsulte suppose un fils qui dispense son père de rendre des comptes de tutelle dans les termes suivants : « Seium patrem meum liberatum esse volo ab actione tutelæ ». Scævola est consulté sur le point de savoir si cette disposition comprend la libération du reliquat du compte de tutelle, reliquat composé de sommes diverses touchées pendant la tutelle et que le père tuteur a employées à son usage ; le jurisconsulte répond que la solution de la question doit être laissée à l'appréciation du juge, mais que l'amour filial doit faire présumer que ces sommes ont été comprises dans la disposition faite en faveur du père, à moins qu'on ne prouve l'intention contraire du testateur. Par conséquent nous pouvons dire que la dispense de rendre compte emportera libération du reliquat du

(1) L. 28, § 3. D. XXXIV, 3.

compte dans certains cas, par considération pour les
relations de parenté ou d'affection existant entre le légataire et le testateur ; à ce titre, la dispense de rendre
compte rentre dans le legs de libération et il était intéressant pour nous de le signaler.

Les effets du legs de libération peuvent encore être
restreints quant au temps. Le créancier peut très bien
léguer un terme à son débiteur ; un semblable legs
aura pour effet d'anéantir la *mora*, de suspendre le cours
des intérêts, d'interdire la réclamation de la peine sti-
pulée. C'est ce que nous dit Pomponius (1) qui ajoute
que l'héritier du testateur ne sera pas tenu de libérer le
débiteur, c'est-à-dire qu'il ne sera pas obligé de lui
consentir une acceptilation. Rien ne s'oppose, en effet, à
ce que le débiteur exige de l'héritier un pacte *de non
petendo intra certum tempus*. Ce pacte profitera à l'héritier du débiteur, si celui-ci vient à mourir avant le
terme. Il y a une hypothèse où le legs de libération *ad
tempus* sera restreint à la personne du débiteur ; c'est
le cas où le créancier a légué au débiteur l'usufruit de
la créance. On sait qu'un sénatus-consulte du temps
d'Auguste a autorisé l'établissement d'un quasi-usufruit
sur les choses incorporelles ; le legs du quasi-usufruit
d'une créance adressé par le créancier à son débiteur
équivaudra donc à un legs de libération à terme incer-
tain ; ce terme est la mort du débiteur et le bénéfice de
la disposition est limité à sa personne ; il ne pourra

(1) L. 8, § 1. D. XXXIV, 3.

donc exiger qu'un pacte *de non petendo in personam* ou
un pacte *in rem ad mortem suam* et son héritier devra le
capital et les intérêts de la dette.

La libération, au lieu d'être léguée à terme, peut être
léguée sous condition, la dette étant pure et simple par
hypothèse. A la différence du cas précédent, une telle
disposition ne suspendrait pas le droit de poursuite de
l'héritier du créancier, attendu que la dette n'est pas
affectée dans son existence actuelle par le legs de libération conditionnelle. Mais l'héritier sera tenu naturellement de fournir la *cautio legatorum* ; s'il la refuse, on
ne suivra pas la procédure ordinaire qui consiste à prononcer au profit du légataire l'envoi en possession d'une
portion de l'hérédité suffisante pour le remplir de son
legs ; Paul nous dit en effet (1) dans cette hypothèse que
le légataire n'aura qu'à attendre la poursuite de l'héritier et qu'il l'écartera par l'exception de dol ; cette solution est beaucoup plus simple et beaucoup plus pratique.

Le legs de libération peut avoir pour objet l'ensemble
des dettes d'un débiteur unique. Il faut remarquer que,
dans cette hypothèse, ses effets seront restreints aux
dettes antérieures à la confection du testament ; c'est du
moins l'interprétation ordinaire que les textes donnent
à la volonté du testateur. Scævola nous cite l'hypothèse
d'un créancier qui a fait à son débiteur Séius le legs
suivant : « Do, lego Seio denarios decem. Item dono illi

____

(1) L. 5, pr. D. XLIV, 4.

quidquid sortis et usurarum nomine mihi debebat » (1).
Après la confection du testament, Séius a emprunté une
nouvelle somme au testateur et il demande à Scævola si
cette somme fait partie de son legs de libération ; le jurisconsulte répond négativement « cùm in præteritum
tempus verba collata proponerentur ».

Une autre hypothèse du même genre est prévue également par Scævola (2). Un créancier, après avoir légué
la libération à ses débiteurs dans un premier testament,
en a fait un second dans lequel il ratifie cette disposition
dans les termes suivants : « Quibusque legata in eo testamento quod incideram dedi, omnia rata esse et quæ-
que scripta sunt volo ». On demande si les sommes
empruntées entre le premier et le deuxième testament
font partie du legs de libération. Le jurisconsulte donne
une solution négative ; en effet, quoique le premier testament soit rompu par le second et ait seulement la valeur d'un fidéicommis, comme le testateur s'est référé
au premier testament, c'est à cette époque qu'il faudra
se placer pour apprécier quelles seront les dettes comprises dans le legs de libération.

Ces solutions ne sont pas contredites par le fragment
suivant du même Scævola (3). Un créancier a fait à son
débiteur un legs de libération ainsi conçu : « Seio
concedi volo quidquid mihi ab eo debitum est vel fidem

____

(1) L. 28, § 2, **D**. XXXIV, 3.
(2) L. 28, § 1, **D**. XXXIV, 3.
(3) L. 28, § 6, D. XXXIV, 3.

·meam pro eo obligavi ». On demande si ce legs ne comprend que le capital de la dette ou s'il faut y faire rentrer
aussi les intérêts qui ont couru depuis le testament ;
Scævola répond affirmativement. Cette décision n'est
pas en opposition avec les précédentes, parce que les
intérêts sont l'accessoire du capital et qu'il serait étrange
de laisser courir les intérêts d'un capital dont le débiteur est libéré.

Quand le legs de libération est conçu d'une manière
générale, comme dans les exemples que nous venons de
citer, il ne porte cependant que sur les dettes proprement dites, les actions *in personam*. Il ne comprend pas
les actions *in rem* auxquelles le légataire pourrait
être exposé de la part des héritiers du testateur, à moins
que l'on ne prouve l'intention contraire du *de cujus* ;
c'est ainsi que Modestin nous donne une solution de ce
genre dans l'hypothèse suivante (1) : Un mari avait ap-
porté différents meubles dans la maison de sa femme, et
dans son testament on trouve la disposition suivante :
« In primis sciant heredes mei, nullam pecuniam esse
penes uxorem meam, sed nec aliud quidquam. Ideo-
que hoc nomine eam inquietari nolo ». Modestin, consulté par les héritiers du mari pour savoir s'ils ne pour-
raient pas réclamer à la femme les meubles ci-dessus
mentionnés, répond négativement, mais il impose à la
femme l'obligation de démontrer que l'intention du testateur a été de lui laisser ces meubles ; cette preuve

____

(1) L. 34, § 3. D. XXXI.

faite, elle se trouvera donc libérée d'une action *in rem*.

Jusqu'ici nous avons considéré le legs de libération comme s'appliquant à des obligations unilatérales. Voyons maintenant quels seront ses effets lorsqu'il a pour objet une obligation provenant d'un contrat synallagmatique (1).

Un testateur a légué à son locataire la libération des obligations résultant du contrat de bail ; le legs est conçu dans des termes très généraux : « lego quidquid eum mihi dare facere oportet, oportebitve » ; de plus le testateur charge expressément son héritier de continuer la jouissance au locataire. Paul attribue à ce legs les effets suivants : l'héritier devra laisser jouir le locataire ; s'il met obstacle à sa jouissance, le locataire aura l'action *ex conducto*. L'héritier ne pourra ensuite rien retenir en vertu du contrat de bail ; par exemple il devra rembourser au locataire les loyers payés d'avance, lui restituer les objets qui ont été donnés en garantie du loyer ; le locataire aura l'action *ex testamento* pour opérer ces recouvrements. Enfin l'héritier devra dans l'avenir s'abstenir de réclamer aucun loyer au légataire ; celui-ci aura l'exception de dol pour le repousser et pourra même agir *ex testamento* pour obtenir une stipulation aquilienne qui éteindra ses obligations de locataire ; c'est ce que nous dit Paul (2) rapportant une décision de Cassius dans l'hypothèse où le bailleur a légué

(1) L. 16. D. XXXIV, 3.
(2) L. 18. D. XXXIV, 3.

l'habitation à son locataire, ce qui équivaut à lui léguer la libération des obligations résultant du contrat de bail. Concluons de ces exemples que, dans un contrat synallagmatique, lorsque l'une des parties lègue à l'autre la libération, le legs est valable, mais l'obligation du testateur reste intacte à la charge de son héritier.

Il nous faut maintenant étudier les effets du legs de libération dans l'hypothèse où le débiteur, ignorant la libéralité qui lui a été faite, a payé sa dette à l'héritier du testateur. Ce légataire aura d'abord la *condictio indebiti*, car il est de principe qu'un débiteur qui a acquitté sa dette, alors qu'il était protégé par une exception perpétuelle, peut répéter ce qu'il a indûment payé ; en effet l'exception perpétuelle a éteint la dette en quelque sorte, et s'il est prouvé que le débiteur a payé dans l'ignorance de cette exception, c'est comme s'il avait payé deux fois ; il peut donc répéter. En outre de la *condictio indebiti*, le légataire aura aussi la *condictio ex testamento* pour faire exécuter son legs, c'est-à-dire pour se faire rembourser par l'héritier. Ces actions étant toutes les deux de droit strict, il semble qu'il n'y ait pas intérêt à exercer l'une plutôt que l'autre. Toutefois, nous devons observer que l'action *ex testamento* tendit de plus en plus à se rapprocher des actions de bonne foi, notamment au point de vue de la théorie des fautes et des intérêts (1) ; il serait donc plus avantageux à cet égard pour le légataire d'exercer la *condictio ex testamento* ; ce sera même son

____

(1) L. 34. D. XXII, 1 ; L. 47, §§ 4 à 6. D. XXX ; L. 108, § 12. D. XXX.

seul moyen d'action lorsque la libération lui aura été léguée par un autre que le créancier.

Nous avons dit que le légataire pouvait exercer contre l'héritier la *condictio indebiti*. Ulpien (1) nous donne formellement cette solution dans un fragment où il généralise une décision de Julien relative à l'hypothèse où un acheteur a légué à son vendeur la libération de l'obligation de livrer le fonds vendu. Ce texte paraît en contradiction avec un autre fragment du même Ulpien (2) commentant encore une décision de Julien. Ce dernier jurisconsulte suppose un *paterfamilias* tenu *de peculio*, auquel le créancier de son fils a légué la libération, et il nous dit que le legs s'exécutera au moyen d'un pacte *de non petendo*, soit qu'il y ait quelque chose dans le pécule, soit qu'il n'y ait rien. Julien compare ce père à un mari auquel sa femme aurait légué la libération de la dot après le divorce et, en effet, les deux situations se ressemblent à ce point de vue, que le legs est utile dans les deux cas. Puis le jurisconsulte termine en disant que ni le père, ni le mari, ne pourront répéter s'ils ont payé ; Ulpien approuve cette solution, mais en la restreignant au mari d'après une décision de Marcellus. Ainsi donc Ulpien paraît bien refuser dans la loi 5, § 2 l'exercice de la *condictio indebiti* qu'il accordait au contraire dans la loi 26, § 7. Comment expliquer cette contradiction ? Voët (3) suppose que les jurisconsultes, en parlant du

(1) L. 26, § 7. D. XII, 6.
(2) L. 5, § 2. D. XXXIV, 3.
(3) Voët, *Ad Pandectas*, L. XXXIV, t. 3, n° 6.

refus de la *condictio indebiti*, se placent en dehors de l'hypothèse d'un legs de libération. Alors, en effet, la loi 5, § 2, devient parfaitement claire et l'on y distingue successivement trois ordres d'idées :

1° Le legs de libération fait au *paterfamilias* est valable, quoiqu'il n'y ait rien dans le pécule du fils, parce qu'il pourrait y avoir quelque chose et que le pécule s'estime au moment de l'exercice de l'action *de peculio*. De même le legs de libération de la dot adressé au mari est utile, quoiqu'il soit absolument insolvable et qu'il jouisse du bénéfice de compétence, parce que le legs l'affranchit effectivement de son passif, tandis que l'exception *quod facere potest* est simplement une immunité qui le dispense momentanément de payer.

2° Puisque ces legs sont valables, c'est qu'il y a dette ; en conséquence si ces dettes avaient été acquittées par erreur, on ne pourrait pas exercer la *condictio indebiti* (en supposant maintenant l'absence de legs de libération).

3° Marcellus et Ulpien font une distinction : Le père, disent-ils, peut exercer la *condictio indebiti* parce qu'il n'était débiteur que sous la condition qu'il y aurait quelque chose dans le pécule lors de la *litiscontestatio* et qu'il est de principe que tout débiteur conditionnel peut répéter ce qu'il a payé par erreur. Le mari, au contraire, ne peut pas répéter la dot qu'il aurait payée par erreur, lors même qu'il est insolvable et qu'il peut se dispenser de payer en invoquant l'exception *quod facere potest*, parce qu'il est débiteur pur et simple.

Cette explication ne ressort pas sans doute immédiatement de la lecture du texte ; mais, outre qu'elle est la seule possible, le laconisme fréquent des jurisconsultes romains nous autorise à ne pas trop nous étonner de ce qu'Ulpien, en parlant du refus de la *condictio indebiti*, n'ait pas pris soin de faire abstraction de l'hypothèse du legs de libération.

Nous avons dit que le legs de libération suppose nécessairement l'existence d'une dette ; lorsque le legs est adressé à un non-débiteur, il est inutile. On peut soutenir cependant qu'il est efficace, en considérant comme une *falsa demonstratio* ne viciant pas le legs la qualification de chose due appliquée à l'objet du legs. C'est ce qui résulte d'un fragment de Paul(1) ainsi conçu : « Quod si nihil debeat, poterit dici quasi falsa demonstratione adjecta, etiam peti, quod comprehensum est, posse ». Puis le jurisconsulte ajoute : « Sed poterit hoc dici si ita legavit : *Centum aureos, quos mihi debet, vel Stichum, quem debet, heres meus damnas esto non petere* ». Or dans cet exemple l'obligation de l'héritier consiste simplement à s'abstenir de réclamer la dette ; il serait donc singulier, en s'en tenant à la lettre du fragment de Paul, de soutenir que l'héritier est tenu ici d'une obligation positive, c'est-à-dire de payer l'objet du legs considéré comme fait sous une *falsa demonstratio*. Cette singularité apparaît particulièrement dans le cas où le legs de libération porte sur l'esclave Stichus, c'est-à-dire sur

(1) L. 25. D. XXXIV, 3.

un corps certain ; aussi le président Favre (1) a-t-il soutenu que l'exemple relatif à Stichus a été ajouté par un interprète mal inspiré ; il maintient donc la validité du legs de libération comme fait sous une *falsa demonstratio* lorsqu'il s'applique à une quantité.

Nous ne partageons pas cette manière de voir ; nous trouvons que, même appliqué à une quantité, le legs de libération dont la rédaction n'impose qu'une obligation négative à l'héritier suppose nécessairement l'existence d'une dette ; on ne peut donc pas le rendre utile lorsqu'il est adressé à un non-débiteur sous prétexte qu'il est fait sous une *falsa demonstratio*. Nous préférons adopter l'opinion de Cujas (2) confirmée par Voët et Pothier. Ces jurisconsultes sont d'avis qu'il faut modifier le texte de Paul en ajoutant une négation et lire : « Sed *non* poterit hoc dici, si ita legavit, etc. ». En effet l'adverbe « sed » indique une opposition d'idées qui ne peut se réaliser que par l'adjonction de la négation « non ». Alors le texte devient parfaitement clair dans son ensemble : Paul observe d'abord qu'il est possible de soutenir que le legs de libération adressé à un non-débiteur est valable, comme étant fait sous une *falsa demonstratio* ; mais cette solution ne peut être donnée, si le testateur a employé les termes suivants : « Centum aureos, quos mihi debet, vel Stichum, quem debet, heres meus damnas esto non petere ». Il en est autrement et le léga-

----

(1) Ant. Faber. *Conject.*, lib. V, cap. 2.
(2) Cujas, *Édition de Naples*, t. 5, p. 1079.

taire peut prétendre avec quelque raison que son legs est valable quand le testateur s'est exprimé ainsi : « Heres meus centum aureos quos mihi Titius debet, damnas esto ei dare ». Toutefois Paul n'approuve pas cette prétention, bien que l'héritier ne soit plus ici, comme dans la première formule, tenu d'une obligation purement négative, parce que le testateur en employant le terme « dare » a visé l'existence de la dette plutôt que la somme à laquelle elle s'élève.

SECTION II. — EFFETS DU LEGS DE LIBÉRATION RELATIF A UNE DETTE OU IL Y A PLUSIEURS OBLIGÉS.

Lorsque le legs de libération est relatif à une dette où il y a plusieurs obligés, il se peut que les débiteurs soient tenus au même titre ou bien qu'ils soient tenus à des titres différents. Les textes de notre titre traitent ces deux hypothèses ; chacune d'entre elles va faire l'objet d'un paragraphe spécial.

§ 1. — *Cas où les débiteurs sont tenus au même titre.*

Dans ce paragraphe, nous étudierons successivement le cas où le legs de libération est relatif à une dette corréale et celui où il porte sur une dette indivisible.

a) Dette corréale. — Lorsqu'il y a plusieurs *correi promittendi*, le legs de libération peut s'adresser à tous les débiteurs ou bien à un seul d'entre eux seulement.

Dans le premier cas la dette est radicalement éteinte ;

en conséquence, chaque obligé peut opposer à l'héritier l'exception de dol et exiger de lui l'acceptilation. Dans le second cas, il faut distinguer si les *correi promittendi* sont associés ou non.

Si les *correi promittendi* ne sont pas associés, le legs de libération ne profitera qu'à celui qui en est personnellement bénéficiaire et alors, comment procèdera-t-on ? Ulpien nous indique (1) que l'héritier ne sera tenu de consentir au légataire qu'un pacte *de non petendo* afin de conserver intacts ses droits contre les autres débiteurs. Cependant le testateur tout en ne nommant qu'un des *correi promittendi*, a pu avoir également l'intention de libérer les autres. Si ceux-ci prouvent que le testateur a véritablement pensé à eux, ils devront être traités comme des légataires, ou plutôt comme des fidéicommissaires ainsi que le dit Ulpien : « Et est verum, non solum eum, cujus nomen in testamento scriptum est, legatarium habendum ; verum eum quoque, qui non est scriptus, etsi ejus contemplatione liberatio relicta esset ». Il y aura donc en réalité plusieurs légataires dont un seul est nommé ; chacun d'entre eux pourra donc exiger l'acceptilation. Remarquons incidemment que le même résultat se produira en dehors de l'hypothèse de deux *correi promittendi non socii* toutes les fois que l'intéressé dont le nom ne figure pas dans le testament prouve cependant que le défunt a voulu le gratifier ;

(1) L. 3, § 3. D. XXXIV, 3.

nous retrouverons encore cette solution à propos du legs de libération adressé au débiteur d'autrui.

Si les débiteurs corréaux sont associés, Ulpien nous indique (1) que le legs de libération adressé à l'un profite à l'autre, même si le testateur n'a entendu gratifier que le premier. C'est la conséquence du contrat de société qui unit les deux débiteurs, car si le *correus* non légataire était poursuivi par l'héritier, il aurait le droit d'exercer l'action *pro socio* contre son *correus* pour se faire rembourser une partie de la dette, car toute somme payée par un des associés doit se répartir entre tous. Pour que le *correus* légataire profite entièrement du legs, il faut donc qu'il ne soit pas exposé à un recours de la part de son *correus* ; en conséquence, il aura la faculté d'exiger une acceptilation qui profitera à tous les deux. Remarquons dans cette hypothèse que l'effet du legs de libération dépasse celui du pacte *de non petendo* auquel il est comparable en général ; on aurait pu en effet considérer le legs de libération adressé à l'un des *correi promittendi socii* comme une dispense de faire l'avance de la somme due, laissant le légataire obligé de supporter sa part dans la dette ; mais ici, la faveur dont le Droit romain entoure les dispositions testamentaires a attribué au legs de libération une portée plus considérable.

Quel sera maintenant le droit du *correus promittendi* associé et non légataire ? Il est impossible de lui accor-

(1) L. 3, § 3, D. XXXIV, 3.

der la *condictio legatorum* en vertu d'un testament où il n'est pas nommé. Ce serait la violation du principe qu'on n'acquiert pas d'action par le ministère d'une personne libre et étrangère. Le principe est le même quant aux exceptions, mais il souffre des restrictions en raison de la faveur accordée aux débiteurs ; ainsi le Droit romain, qui ne permettait pas de devenir créancier par le fait d'un tiers, autorisait au contraire la libération du débiteur par paiement, novation, expromission accomplis par un tiers étranger à la dette, ce qui procurait au débiteur l'avantage d'un moyen de défense *ipso jure*. Nous sommes, par analogie, conduits à donner la même solution en matière de legs de libération. Le *correus* non désigné par le testateur pourra donc valablement opposer l'exception de dol tirée du testament à la poursuite de l'héritier, mais il ne pourra pas l'actionner en vue d'obtenir l'acceptilation ; cependant, s'il démontre que le testateur a également songé à lui, il sera traité de la même manière qu'un légataire, comme le dit Ulpien.

Ainsi le legs de libération profitera au *correus promittendi* associé et non légataire, mais il ne pourra pas lui nuire. Cette dernière solution résulte d'une décision de Modestin (1) dans l'espèce suivante : Un testateur avait deux débiteurs corréaux : son fils et Titius. Ce fils a été exhérédé tandis que Titius est gratifié d'un legs de libération. Titius, nous dit Modestin, a obtenu de l'héri-

(1) L. 12, § 3. D. V, 2.

tier du père une acceptilation dont le fils a profité ; nous pouvons en conclure qu'il y avait société entre les deux débiteurs corréaux, car, en l'absence de cette société, l'héritier se serait borné à un simple pacte *de non pe-tendo*. Or, le fils voulant attaquer le testament paternel par la *querela inofficiosi testamenti*, l'héritier lui objecte que sa demande est non recevable, parce qu'il a profité du testament par l'effet de l'acceptilation consentie à Titius ; en effet, on ne peut pas contester la validité d'un testament qu'on a approuvé tacitement en en retirant un profit quelconque. Mais Modestin observe justement que le fils n'a donné aucune approbation au testament, attendu que, s'il a profité de l'acceptilation consentie à Titius, c'est en quelque sorte malgré lui et par suite de la société qui le liait avec Titius ; le jurisconsulte ne voit donc aucun obstacle à l'exercice de la *querela*.

Nous avons dit que, dans l'hypothèse où le legs de libération est adressé à l'un des *correi promittendi non socii*, la dette ne doit être éteinte qu'à l'égard de ce *correus*, l'héritier du créancier conservant son action pour le tout à l'égard des autres *correi*. Il nous faut examiner maintenant si cette solution doit être conservée dans tous les cas où il n'existe pas de société entre les débiteurs corréaux.

L'existence d'une société, en effet, n'est pas nécessaire pour établir entre les débiteurs un rapport de droit donnant lieu à un règlement de comptes. Il peut se faire, par exemple, que les *correi promittendi* soient des copro-

priétaires ; M. Machelard (1) nous cite également l'hypothèse où deux personnes, ayant besoin d'emprunter,
se réunissent en se donnant un mandat réciproque pour
obtenir un crédit qu'on ne leur accorderait peut-être
pas à chacune d'elles considérée isolément, et s'enga-
gent *correaliter* à rendre la somme prêtée pour éviter au
créancier la division des poursuites, sauf à partager entre
eux la somme empruntée dès que l'un d'eux l'aura tou-
·chée. Dans ces hypothèses, le *correus promittendi* qui a
payé la dette a un recours contre son *correus* par l'action
communi dividundo ou par l'action *mandati* à l'effet de
lui faire supporter sa part dans la dette ; or, comme il
n'y a pas société entre les débiteurs, on pourrait soutenir, en interprétant strictement la loi 3 § 3 d'Ulpien,
que l'héritier du créancier ne devra consentir au débiteur légataire de libération qu'un pacte *de non petendo*
et que les autres débiteurs resteront obligés pour le
tout.

Nous n'adoptons pas cette solution. Sans doute, il
résulte de la lecture du texte que le legs de libération
profite à tous les débiteurs corréaux seulement dans
l'hypothèse où l'existence d'une société est prouvée.
Mais la distinction entre la corréalité sans société et la
corréalité avec société s'explique par ce fait que la société était le lien le plus fréquent qui réunissait des débiteurs corréaux. S'il existe entre les *correi promittendi*
d'autres rapports que ceux de la société qui les obligent

____

(1) *Dissertations de Droit romain et de Droit français,* p. 418.

à partager les bénéfices et les charges de l'obligation, nous pensons qu'il y a lieu de faire profiter tous les débiteurs du legs de libération adressé à l'un d'eux, car, s'il n'en était pas ainsi, le recours qu'exercerait le débiteur qui aurait payé la totalité de la dette anéantirait l'effet du legs de libération.

Nous apporterons toutefois à notre solution la restriction suivante que nous faisons également dans le cas où les liens qui unissent les débiteurs corréaux sont ceux de la société. Si l'héritier du créancier qui a fait le legs de libération prouve que son auteur ignorait le rapport de droit qui unissait les débiteurs, alors le legs de libération ne devra être interprété que comme une dispense d'avancer la somme due accordée au débiteur légataire. Il serait injuste, en effet, de supposer que le créancier a entendu libérer tous les débiteurs ; car, dans le cas où le créancier connaissait l'existence du rapport de droit existant entre les débiteurs, on peut présumer qu'il savait que, par la force des choses, sa libéralité profiterait à tous ; ici, au contraire, une semblable supposition irait manifestement à l'encontre de la réalité.

b) Dette indivisible. — Lorsque la dette est indivisible et qu'il y a plusieurs débiteurs, si le créancier a légué la libération à tous, la dette est complètement éteinte et chaque débiteur peut exiger une acceptilation. Si la libération n'a été léguée qu'à un seul débiteur, il semble que le débiteur gratifié doive profiter seul du legs de libération. Seulement, voici ce qui va arriver ; l'héritier du

testateur va se faire payer par les débiteurs non libérés ;
ceux-ci à leur tour vont très probablement exercer un
recours contre le débiteur libéré, généralement par l'action *pro socio* ou *communi dividundo*, de sorte qu'en définitive le legs de libération n'aura abouti qu'à dispenser
le légataire de faire l'avance du montant de l'obligation.
Ce résultat est vraiment trop peu conforme aux intentions du testateur pour être maintenu ; comment l'éviter ? On ne peut pas dire que l'héritier ne réclamera aux
autres débiteurs que leur part dans la dette, puisque
celle-ci est indivisible, ce qui entraîne pour le créancier
la nécessité de demander le tout ou de ne rien demander.
Mais il y a un moyen de donner effet au legs de libération ; c'est de permettre aux autres débiteurs de l'invoquer. Ulpien nous donne une solution analogue que nous
avons rapportée plus haut à propos des *correi promittendi
socii* ; il n'y a qu'à étendre cette solution à notre hypothèse pour réaliser les intentions du testateur.

Dans l'hypothèse exceptionnelle où les débiteurs
d'une même obligation indivisible seraient dépourvus
de tout recours les uns. contre les autres, il est évident
que le legs de libération adressé à l'un d'entre eux est
utile à son égard sans avoir d'effet vis-à-vis des autres.
Enfin si l'héritier du créancier, n'ayant pu obtenir la
chose due des débiteurs qui n'ont pas été gratifiés, leur
demande des dommages-intérêts, la condamnation devra
être diminuée du montant de la part du débiteur libéré
dans l'obligation ; ici en effet rien n'empêche le créan-

cier de réduire sa demande, puisqu'elle a pour objet une somme d'argent.

§ 2. — *Cas où les débiteurs sont tenus à des titres différents.*

Lorsque le legs de libération est adressé à l'un de plusieurs débiteurs tenus à des titres différents, ses effets varient suivant que le légataire est un débiteur principal ou un débiteur accessoire.

Supposons d'abord une dette garantie par un fidéjusseur; le legs de libération a été adressé au débiteur principal ; quels seront ses effets? Il semble que le débiteur principal doive seul profiter du legs et que le fidéjusseur reste obligé à la dette. Mais si l'héritier du testateur poursuit le fidéjusseur, ce dernier, après avoir payé, va pouvoir se faire rembourser ses avances par le débiteur principal, qui devra à son tour recourir contre l'héritier afin de profiter de la libéralité du défunt. Afin d'écarter ce circuit d'actions, Papinien (1) propose de permettre au fidéjusseur poursuivi d'opposer à l'héritier l'exception de dol. D'après Ulpien (2) le débiteur principal pourra même exiger l'acceptilation, ce qui libèrera immédiatement le fidéjusseur. Il en sera autrement lorsque le fidéjusseur est dépourvu de tout recours contre le débiteur principal, par exemple, s'il est intervenu *donationis causa* ou *invito debitore*, ou bien s'il a seul profité de l'argent prêté au débiteur principal, de telle

(1) L. 49, pr. D. XLVI, 1.
(2) L. 5, pr. D. XXXIV, 3.

façon que les rôles aient été intervertis ; dans ces hypothèses, comme le fidéjusseur ne peut pas détruire l'effet du legs de libération en exerçant un recours contre le débiteur principal, on peut sans inconvénient laisser intacts les droits de l'héritier contre le fidéjusseur ; en conséquence le débiteur principal ne pourra obtenir qu'un pacte de remise.

Supposons maintenant que ce soit le fidéjusseur qui ait été gratifié du legs de libération ; Pomponius (1) nous indique que le débiteur principal ne doit pas en profiter ; en conséquence, le fidéjusseur devra se contenter d'un pacte de remise. Toutefois, comme l'observe Ulpien (2), le fidéjusseur pourra exiger une acceptilation lorsque la dette l'intéressera personnellement, le débiteur principal n'étant en réalité qu'une caution, ou lorsqu'il sera l'associé du débiteur principal ; ici en effet, si le débiteur principal restait exposé aux poursuites de l'héritier du testateur, ce serait lui qui pourrait recourir contre le fidéjusseur ; il faut donc qu'il soit libéré pour que le fidéjusseur le soit aussi.

Le legs de libération fait au débiteur principal ou au fidéjusseur peut être accompagné de dispositions accessoires qui influeront sur la manière dont l'héritier devra exécuter le legs. Julien (3) suppose un testateur qui condamne son héritier à ne pas poursuivre un fidéjus-

(1) L. 2, pr. D. XXXIV, 3.
(2) L. 5, § 1, D. XXXIV, 3.
(3) L. 10. D. XXXIV, 3.

seur et à donner à Titius ce que doit le débiteur principal. L'effet de ce legs sera d'obliger l'héritier à accorder un pacte de remise au fidéjusseur et à céder ses actions contre le débiteur principal à Titius, ce qu'il serait dans l'impossibilité de faire s'il avait consenti une acceptilation au fidéjusseur. Si l'héritier avait commis l'imprudence d'accorder une acceptilation au fidéjusseur, il serait tenu de payer effectivement à Titius la somme due par le débiteur principal ; c'est ce qui se produirait encore si l'héritier avait été condamné à libérer le débiteur principal et à donner à Titius ce que doit le fidéjusseur ; en pareil cas l'héritier sera tenu de faire acceptilation au débiteur principal, ainsi que nous l'avons dit plus haut, parce que le legs de libération doit profiter au fidéjusseur qui ne peut pas rester tenu, en principe, quand l'obligation principale est éteinte. L'héritier devra donc verser effectivement aux mains de Titius le montant de la créance, puisqu'il ne peut plus lui céder ses actions contre le débiteur principal.

Examinons maintenant les effets du legs de libération relativement aux autres *intercessores*, le *mandator pecuniæ credendæ* et le constituant de la dette d'autrui. Les textes de notre titre ne prévoient pas ces hypothèses, mais, après tout ce que nous venons de dire, il nous sera facile de les résoudre à l'aide des principes. Supposons que, sur le mandat d'un tiers, une personne ait consenti à prêter une certaine somme dont le remboursement a été en outre garanti par un fidéjusseur. Dans ces condi-

tions, le créancier lègue la libération au fidéjusseur.
L'effet de ce legs sera de permettre au *mandator* de ne
pas exécuter les obligations dérivant du mandat qu'il a
donné, car le testateur l'a privé d'une garantie sur laquelle il devait compter. C'est une différence à signaler
avec le fidéjusseur, qui ne pourra jamais se plaindre du
legs de libération adressé à son cofidéjusseur, pas plus
que de la perte de toute autre garantie par le fait du
créancier. Le *mandator*, en effet, a le droit de compter
sur toutes les sûretés en vue desquelles il a donné mandat ; c'est une conséquence de cette circonstance que le
mandat est un contrat synallagmatique et de bonne foi.
Le fidéjusseur, au contraire, est exposé à la négligence du
créancier qui peut laisser périr impunément telle garantie qu'il lui plaît. On peut assimiler au fidéjusseur celui
qui s'est constitué par pacte débiteur de la dette d'autrui ; ce constituant ne peut pas non plus se plaindre du
legs de libération adressé par le créancier à un fidéjusseur, car le créancier n'a pas pris envers lui l'engagement de lui céder les actions dont il pouvait être
pourvu.

Il nous reste, pour terminer ce paragraphe, à examiner les effets du legs de libération adressé à un *paterfamilias* tenu *de peculio* pour son fils. On peut d'abord se
demander si un tel legs est valable lorsqu'à la *diei cessio*
il se trouve qu'il n'y a rien dans le pécule ; on peut dire
en effet que la dette du père n'existant pas encore, le
legs est inutile parce qu'il n'offre aucun avantage pour

le légataire. Tryphoninus (1) soutient que la question restera en suspens, comme dans le cas d'un legs conditionnel. Ulpien commentant Julien (2) pense que le legs est immédiatement valable, soit que le pécule contienne quelque valeur à la *diei cessio*, soit qu'il ne contienne rien, parce qu'il procure au père une pleine sécurité. Celui-ci pourra donc exiger tout de suite un pacte *de non petendo* ; il ne pourrait pas prétendre à une acceptilation, car il faut que le créancier conserve ses droits contre le fils.

Lorsque le père s'est porté fidéjusseur de son fils, il est tenu à la fois *ex stipulatu* et *de peculio*. Dans cette circonstance, le legs de libération, nous dit Julien (3), ne délivrera le père que de l'action *ex stipulatu*, à moins que le créancier n'ait manifesté l'intention de le libérer à la fois et comme fidéjusseur et comme propriétaire du pécule. Dans tous les cas, la délivrance du legs consistera seulement dans un pacte de remise afin de laisser intacts les droits du créancier contre le fils.

Quand le fils est émancipé, le legs de libération adressé au père n'a d'effet que si le pécule contient quelque valeur ou si le père a profité des opérations de son fils. S'il n'y a rien dans le pécule ou s'il n'y a pas *versum in rem*, le legs est inutile puisque le père ne peut plus être poursuivi (4). Le legs de libération adressé au père n'em-

(1) L. 27, D. XXXIV, 3.
(2) L. 5, § 2, D. XXXIV, 3.
(3) L. 5, § 4, D. XXXIV, 3.
(4) L. 6, pr. D. XXXIV, 3.

porte pas libération pour le fils émancipé, ainsi que l'observe justement Javolenus (1), qui cependant était en opposition avec certains jurisconsultes, dont l'avis était motivé par cette considération que le père a intérêt à ce que le pécule qu'il a laissé à son fils après l'avoir émancipé reste intact (afin d'y succéder si le fils venait à mourir) ; mais Javolenus repousse cette solution qui serait vraiment trop contraire aux intentions du testateur.

Si maintenant nous supposons que c'est le fils qui a été gratifié d'un legs de libération, Ulpien nous indique que le procédé à employer devra être l'acceptilation et non le pacte de remise ; il faut en effet que le père profite du legs adressé à son fils, car s'il n'en profitait pas et qu'il pût être poursuivi *de peculio*, le pécule serait diminué ce qui porterait préjudice au fils et lui retirerait le bénéfice du legs. Cependant s'il était prouvé que l'intention du testateur n'a été que d'empêcher le fils d'être personnellement inquiété, le père pourra être poursuivi *de peculio* et le fils n'obtiendra qu'un pacte *de non petendo.*

SECTION III. — EFFETS DU LEGS DE LIBÉRATION ADRESSÉ AU DÉBITEUR D'AUTRUI.

Le testateur a fait un legs dans les termes suivants : « Damnas esto heres illum aere alieno liberare ». Les

(1) L. 6, § 1. D. XXXIV, 3.

Institutes (1) nous disent que ce legs est valable, parce que toute personne peut payer pour autrui, même à son insu et contre sa volonté, à moins que le créancier n'ait traité *intuitu personæ*.

Le débiteur pourra donc contraindre l'héritier du testateur à s'entendre avec le créancier pour le libérer d'une manière quelconque. Le créancier lui-même est intéressé au legs de libération fait à son débiteur, même solvable, parce qu'il aura maintenant deux débiteurs au lieu d'un ; il est donc lui-même légataire, si le testateur a eu également en vue son intérêt, ainsi que l'observe Ulpien (2). L'héritier est par conséquent exposé à une double poursuite, l'une de la part du débiteur en vertu de son legs de libération, l'autre de la part du créancier, fondée sur le legs de dette qui lui a été implicitement adressé. A ce sujet Pomponius nous indique (3) que l'héritier poursuivi par le débiteur ne sera condamné qu'à lui donner caution contre la poursuite éventuelle du créancier ; d'autre part, si c'est le créancier qui poursuit l'héritier, celui-ci ne devra être condamné qu'en recevant une caution destinée à le garantir contre la poursuite que pourrait exercer le débiteur en vertu du legs de libération.

Les textes nous indiquent plusieurs exemples de legs de libération adressés au débiteur d'autrui combinés avec des legs de dette.

(1) *Inst.*, lib. II, t. 20, § 21.
(2) L. 3, § 5, D. XXXIV, 3.
(3) L. 4, D. XXXIV, 3.

Ainsi Julien nous cite l'espèce suivante (1) : Un débiteur principal a adressé un legs de libération au fidéjusseur. Cette disposition constitue un legs de dette en faveur du créancier, car, pour arriver à la libération du fidéjusseur, il faut que l'obligation principale soit éteinte, c'est-à-dire que le créancier soit désintéressé d'une façon quelconque ; le legs de dette adressé implicitement au créancier sera donc utile, s'il trouve plus d'intérêt à agir *ex testamento* qu'à exercer l'action de la dette. Quant au legs de libération adressé au fidéjusseur, c'est bien un legs adressé au débiteur d'autrui, et il est utile, car le fidéjusseur, malgré le recours qu'il peut exercer après avoir payé contre les héritiers du débiteur principal, trouve dans le legs l'avantage d'être dispensé de faire l'avance de la somme due et d'échapper ainsi à l'insolvabilité éventuelle des héritiers du débiteur principal ; cet avantage est suffisant pour qu'il puisse exiger une libération immédiate.

Ulpien nous indique une autre espèce dans laquelle le legs de libération est mis à la charge d'un légataire (2). Un fidéjusseur a fait un legs à Titius en lui imposant par fidéicommis l'obligation de payer le créancier. Cette disposition constitue d'abord un fidéicommis de libération en faveur du débiteur principal ; mais, en outre, l'héritier du fidéjusseur pourra aussi contraindre

(1) L. 11. D. XXXIV, 3.
(2) L. 49, § 7. D. XXX.

Titius à désintéresser le créancier, car il lui importe également que la dette soit éteinte.

De ces exemples nous pouvons conclure que le legs de libération adressé au débiteur d'autrui produira presque toujours des effets utiles, car le légataire y puisera généralement un avantage immédiat.

CHAPITRE VI

APPLICATION DES LOIS CADUCAIRES AU
LEGS DE LIBÉRATION.

Lorsque le legs de libération est adressé à un débiteur unique, les lois caducaires s'appliquent comme à toute autre espèce de legs. En conséquence, si le légataire n'a pas la *solidi capacitas* au jour de l'ouverture du testament ou dans les cent jours qui suivent, le legs est caduc et le débiteur reste tenu comme avant, mais envers qui ? On sait qu'en vertu des lois Julia et Papia Poppea le legs caduc profite, quand il n'y a pas de colégataire conjoint, d'abord à l'héritier *pater*, ensuite à tout légataire *pater*, enfin au fisc. Si donc l'héritier est *pater*, il restera créancier du débiteur ; s'il ne l'est pas, la créance passera à un légataire *pater* ou au fisc, auxquels l'héritier sera contraint par l'action *ex testamento* de céder ses actions contre le débiteur.

Lorsque le legs de libération s'adresse à deux *correi promittendi*, alors l'application des lois caducaires produira des effets différents suivant que les débiteurs sont associés ou non (1).

Supposons d'abord que les débiteurs ne soient pas

(1) L. 29. D. XXXIV, 3.

associés ; l'un d'eux est privé du *jus capiendi* ; le legs
est caduc à son égard et cette caducité profitera à l'autre débiteur qu'il faut supposer *pater* ; par conséquent
ce dernier se trouvera à la fois libéré envers l'héritier et
créancier de son codébiteur pour la totalité de la créance ;
l'héritier devra donc lui céder ses actions. Si le codébiteur dont le legs n'est pas caduc a simplement la *solidi
capacitas*, il ne profitera pas de la caducité du legs fait à
son codébiteur ; il ne pourra donc réclamer pour sa libération qu'un pacte *de non petendo* afin de réserver l'action
de l'héritier contre l'autre codébiteur à celui qui sera
en mesure de profiter de la caducité.

Supposons maintenant que les débiteurs corréaux
soient associés. L'existence d'un contrat de société entre
les *correi promittendi* impose une solution toute diffé-
rente de celle qui a été donnée dans le cas précédent. Il
faut en effet que le légataire capable profite du legs de
libération, ce qui n'arriverait pas si son codébiteur incapable restait tenu et pouvait exercer un recours contre lui après avoir payé la totalité de la dette ; l'héritier
devra donc, nous dit Paul, consentir une acceptilation
au débiteur capable, ce qui éteindra la dette à l'égard
des deux.

Il peut se faire que le legs de libération s'adresse uniquement à celui des deux *correi promittendi socii* qui n'a
pas la *solidi capacitas* ; le legs sera alors complètement
inutile et sa caducité profitera à qui de droit.

CHAPITRE VII

La loi Falcidie avait pour but d'intéresser l'héritier à accepter la succession en restreignant la faculté de léguer aux trois quarts de la succession. La quarte réservée à l'héritier se calculait sur l'ensemble des biens pris au décès ; c'est donc à ce moment qu'il faut se placer pour en faire l'estimation. En appliquant ce principe aux créances, il faudra apprécier, par conséquent, la somme que le débiteur peut payer à cette époque, ou la somme qu'on pourrait retirer de la vente de la créance. Donc, si la créance léguée à un tiers porte sur un débiteur entièrement insolvable, le legs est nul, faute d'objet, et ne figure pas dans le calcul de la Falcidie.

Mais le raisonnement précédent n'est plus exact lorsqu'il s'agit d'un legs de libération, même si le débiteur est insolvable ; ce legs est toujours valable, parce qu'il diminue le passif du débiteur ; il devra donc subir l'application de la loi Falcidie, ainsi que l'observe Paul dans les termes suivants (1) : « Si debitori liberatio legata sit, quamvis solvendo non sit, totum legatum computetur, licet nomen hoc non augeat hereditatem, nisi ex eventu.

(1) L. 22, § 3. D. XXXV, 2.

Igitur si Falcidia locum habeat, hoc plus videbitur legatum quod huic legatum esset : cætera quoque minuen-
tur legata per hoc, et ipsum hoc per alia : capere enim
videtur, eo quod liberatur ».

Ces préliminaires nous ont paru nécessaires pour l'explication d'un fragment d'Ulpien (1) devenu célèbre par
le commentaire savant que M. Pellat lui a consacré dans
ses *Textes choisis des Pandectes* (2). Ulpien suppose qu'un
testateur, dont la fortune se compose uniquement d'une
créance de 400, lègue au débiteur sa libération, et une
somme de 400 à Séius. Ces deux legs dépassant de 400
le montant de la succession, devront subir une première
réduction proportionnelle et être ramenés chacun à 200.
Si le débiteur est complètement solvable, l'héritier lui
fera acceptilation pour 150 et recevra 50 pour sa quarte
afférente au legs de libération ; quant aux 200 restants,
il y en aura 150 qui seront attribués à Séius, et 50 à l'héritier pour sa quarte afférente au legs de Séius.

Si le débiteur est complètement insolvable, voici la
solution que nous donne Ulpien approuvant l'avis de
Nératius : le débiteur étant réputé solvable vis-à-vis de
lui-même sera toujours considéré comme un légataire de
200 ; l'héritier lui fera donc acceptilation pour 150 seulement, puisqu'il doit retenir 50 pour la quarte afférente
au legs de libération. En ce qui concerne le legs fait à
Séius, il est nul ou il ne vaut que pour ce que produira

(1) L. 82. D. XXXV, 2.
(2) Pellat, *Textes choisis des Pandectes*, 2ᵉ édition, p. 295.

la vente du surplus de la créance ; les 250 restant après l'acceptilation faite au débiteur seront donc vendus si c'est possible, et le prix en sera réparti dans la proportion de trois quarts pour Séius et un quart pour l'héritier.

Si le débiteur est partiellement solvable, s'il peut payer 100 par exemple, l'héritier en prendra 25 et Séius 75 ; les 150 restant de la créance seront vendus, et le prix en sera réparti entre Séius et l'héritier dans la même proportion de trois à un.

Cette manière de calculer exposée par Ulpien a été approuvée par M. Pellat dans sa première édition des *Textes choisis des Pandectes* ; il la juge fondée en principe et, de plus, conforme à l'équité. Elle soulève cependant de sérieuses objections. En effet, l'héritier a droit à 100 et Séius à 150 ; en attribuant sur la somme de 100 payée par le débiteur 75 à Séius, on lui donne la moitié de sa créance, tandis que l'héritier, en recevant 25, n'obtient que le quart de la sienne ; cette inégalité est choquante. Pour que la distribution fût équitable, il faudrait partager cette somme de 100 dans la proportion de 3 à à 2 et donner 60 à Séius seulement, ce qui ferait 40 pour l'héritier ; ce serait l'application pure et simple du principe des dividendes, qui veut que chaque créancier vienne au prorata de sa créance.

Pourquoi Ulpien n'a-t-il pas suivi la règle générale de la contribution entre créanciers ? M. Pellat justifie la solution d'Ulpien par cette raison que l'héritier doit retenir sa quarte non pas en bloc, mais seulement sur chaque légataire pris individuellement. Dans l'espèce d'Ulpien, l'héritier ne doit donc pouvoir retenir que 50 à l'encontre du legs de 200 fait à Séius, de sorte qu'en attribuant sur la somme de 100 payée par le débiteur 25 à l'héritier et 75 à Séius, on ne fait qu'appliquer les règles ordinaires de la loi Falcidie.

Il est certain que la quarte Falcidie doit être retenue sur chaque legs séparément. Il n'en est pas moins vrai qu'après l'acceptilation de 150 faite au débiteur, il reste de la créance 250 sur lesquels l'héritier doit prélever 50 avant de payer 200 à Séius. Ces 50, Ulpien n'en tient aucun compte dans la répartition des 100 que paie le débiteur ; or on n'aperçoit pas de motif pour faire porter cette somme de 100 toute entière sur le legs de 200 fait à Séius plutôt que sur la créance de 50 appartenant à l'héritier pour sa quarte afférente au legs de libération. Pour cette quarte, l'héritier, dans la solution d'Ulpien, ne reçoit rien en réalité : en effet, non seulement il ne la retient pas sur les 100 payés lors de l'ouverture de la succession, mais il ne l'obtient pas non plus sur les 150 que doit encore le débiteur, puisque cette créance est vendue et que le prix, suivant l'opinion de Nératius approuvée par Ulpien, est partagé entre Séius et l'héritier dans la même proportion de trois à un. Or c'est dans les 250 restant après l'acceptilation que doivent se trouver les deux quartes de l'héritier ; nous venons de démontrer qu'il n'en prélève qu'une seule avec le système d'Ulpien ;

ce système est donc injuste, puisqu'il prive l'héritier
d'une de ses quartes. M. Pellat lui-même, dans une
seconde édition de ses *Textes choisis des Pandectes*, a
reconnu l'iniquité de la décision d'Ulpien et termine sa
dissertation dans les termes suivants :

« Pour opérer d'une manière conforme au droit et à
l'équité, il faut tenir compte des deux quartes dues à
l'héritier et employer pour le calcul de ce qui revient à
chacun l'un ou l'autre des procédés suivants, qui arri-
vent au même résultat :

1° Chacun des deux légataires ayant droit à la moitié
des 400, montant de l'actif de la succession, sauf déduc-
tion du quart de sa moitié en faveur de l'héritier, cela
revient à dire qu'il y a huit parts à faire, dont six pour
les deux légataires, et deux pour l'héritier. Le débiteur
légataire a les trois qui lui reviennent au moyen de
l'acceptilation de 150 ; il n'en reste donc plus que cinq
à faire avec les 250 qu'il redoit, trois pour Séius, deux
pour l'héritier. C'est, en d'autres termes, dans la proportion de trois à deux ou de 150 à 100 que Séius et
l'héritier doivent se partager ce qu'on retirera de la
créance après l'acceptilation. Ce résultat contient nécessairement l'émolument définitif du legs de Séius, la
quarte revenant à l'héritier sur ce legs, la quarte revenant à ce même héritier sur le legs de libération.

2° Si l'on préfère appliquer, comme Ulpien, le rapport
de trois à un établi par la loi Falcidie, il faut opérer sur
un chiffre qui ne représente que l'émolument du legs de

Séius et la quarte de l'héritier sur ce legs. L'héritier doit donc commencer par retirer des 250 restant dus après l'acceptilation la quarte à laquelle il a droit vis-à-vis du débiteur libéré. Le résidu sera 200, somme égale au legs de Séius, qui sera justement partagée entre lui et l'héritier dans la proportion de trois à un ».

Nous ne saurions rien ajouter à cette conclusion si claire de la dissertation de M. Pellat ; elle nous paraît démontrer péremptoirement l'iniquité de la solution d'Ulpien qui ne peut être que le résultat d'une erreur de calcul involontaire.

CHAPITRE VIII

EXTINCTION DU LEGS DE LIBÉRATION.

Nous avons déjà dit que l'existence d'une dette est
nécessaire à la validité du legs de libération ; en conséquence ce legs s'éteindra si la dette a été elle-même
anéantie avant la mort du testateur, soit par un paiement, soit par tout autre mode d'extinction des obligations (1). Tel serait le cas où le débiteur étant mort avant
le créancier, ce dernier aurait recueilli sa succession
laissant un testament par lequel il lègue la libération à
son ancien débiteur ; le legs de libération est éteint par
suite de la confusion qui a éteint la dette (2).

Le paiement avant la mort du testateur d'une partie
de la dette dont la libération complète a été léguée en-
traîne-t-il l'extinction partielle du legs ? Cette question
est posée à Scævola dans les circonstances suivantes (3) :
Un testateur a fait à son débiteur un legs ainsi conçu :
« Je charge mes héritiers de donner à Gaïus-Séïus tout
ce qu'il me devait avec hypothèque sur ses jardins ».
Le testateur ayant reçu de son vivant un acompte,

(1) L. 21, pr. D. XXXIV, 3.
(2) L. 21, § 1, D. XXXIV, 3.
(3) L. 31, pr. D. XXXIV, 3.

Gaïus-Séius demande s'il peut réclamer cet acompte à
l'héritier. Non, répond d'abord Scævola, parce que le
legs de libération a été éteint partiellement par ce paiement. Gaïus-Séius revient à la charge et explique à
Scævola que le testateur avait reçu la presque totalité
de la créance, intérêts compris ; ne peut-il pas prétendre en raison des termes si larges dont s'est servi le testateur « quidquid mihi debuit ab heredibus meis dari
volo » que le legs n'est pas un legs de libération, mais
un legs de somme ? Scævola ne donne pas de solution et
conseille au légataire de s'en remettre à la prudence du
juge. Ainsi donc le paiement partiel n'éteindra peut-
être pas partiellement le legs de libération ; tout dépendra de l'intention du testateur et du fait qu'il aura testé
en parfaite connaissance de cause du paiement partiel,
ou sans savoir ou sans se rappeler qu'il a déjà touché
un acompte.

Nous venons de dire que le paiement d'une partie de
la dette entraîne l'extinction partielle du legs lorsqu'il a
lieu avant la mort du testateur. Ce moment sera-t-il toujours celui auquel il faudra se placer pour apprécier si
le paiement partiel entraîne l'extinction partielle de la
dette ?

A ce sujet nous trouvons un texte de Papinien (1) qui
prévoit l'hypothèse suivante :

Un testateur a légué la libération au débiteur de son
héritier ; ce débiteur a donné un acompte ; le paiement

(1) L. 24. D. XXXIV, 8.

entraînera-t-il l'extinction partielle du legs? Le jurisconsulte distingue. Le paiement a-t-il été effectué avant
l'ouverture du testament, il est valable et ne permettra
aucune répétition au débiteur. A-t-il été opéré, au contraire, après l'ouverture du testament mais avant que
l'héritier ait fait adition, alors la solution change. L'héritier, en effet, tant qu'il n'a pas fait adition, n'est pas
tenu d'exécuter le legs de libération ; s'il retarde son
adition afin de pouvoir exiger une partie de la dette, il
commet, nous dit Papinien, une sorte de dol ; par conséquent, lorsqu'il aura fait adition, le débiteur pourra
lui réclamer par l'action *ex testamento* ce qu'il aura été
forcé de lui payer.

Ainsi donc, d'après ce texte, c'est au moment de
l'ouverture du testament qu'il faut se référer pour apprécier la validité du paiement. Cette solution se comprend fort bien à l'époque de Papinien ; nous savons en
effet que les lois caducaires avaient reculé le *dies cedit*
des legs au moment de l'ouverture du testament. Mais
Justinien, en abrogeant les lois caducaires, a ramené le
dies cedit des legs au jour de la mort du testateur. De-
vra-t-on, même sous Justinien, considérer le jour de
l'ouverture du testament pour juger de l'effet du paiement? Les compilateurs de Justinien ont-ils oublié de
corriger le texte de Papinien, ou l'ont-ils maintenu tel
quel avec intention ? On pourrait soutenir que le maintien du jour de l'*apertura tabularum* a été intentionnel ;
en effet, le dol de l'héritier qui, suivant Papinien, per-

met la répétition au débiteur, existe s'il se fait payer
après l'ouverture du testament, tandis qu'il n'existe pas
si le paiement a lieu avant cette époque ; le maintien du
texte de Papinien aurait donc été inspiré par la considération du dol de l'héritier. Nous ne croyons pas que
cette opinion soit fondée. Le paiement reçu avant l'ouverture du testament ne constitue pas sans doute un
dol de la part de l'héritier ; mais il ne faut pas oublier
qu'à partir de la mort du testateur le débiteur est protégé par une exception perpétuelle, de sorte que tout ce
qu'il a payé depuis cette époque doit pouvoir être réclamé au moyen de la *condictio indebiti*. Cette raison
nous semble prédominante et, par suite, le texte de Papinien ne nous paraît applicable qu'à son époque.

Il nous reste, pour terminer cette étude, à traiter
d'une hypothèse prévue par Ulpien commentant une décision de Julien (1). Un père, en faisant le testament de
son fils impubère, a grevé le substitué pupillaire d'un legs
de libération. L'impubère, après avoir succédé à son
père, se fait payer par le débiteur ; puis il meurt à son
tour avant d'avoir atteint l'âge de la puberté ; le substitué qui lui succède va-t-il être tenu du legs de libération ? A première vue, il semble que non parce que le
legs est éteint faute d'objet ; il n'y a plus de dette, en
effet, puisqu'elle a été payée. Mais Julien observe que
l'impubère doit être considéré par rapport aux legs dont
son substitué est chargé, comme un héritier chargé d'un

(1) L. 7, §§ 5, 6, 7. D. XXXIV, 3.

legs conditionnel ; il n'a donc pu, par sa seule volonté, faire évanouir le legs sous condition suspensive qui lui était imposé ; *l'effet extinctif* du paiement de la dette était donc lui-même subordonné à une condition extinctive ; cette condition s'étant réalisée, le paiement doit être considéré comme non avenu, et le substitué doit exécuter le legs de libération en remboursant au débiteur ce qu'il a payé. Si l'impubère n'avait fait qu'entamer des poursuites au lieu d'avoir reçu le paiement de la dette, l'exécution du legs de libération consisterait pour le substitué à faire remise de l'action au légataire.

DROIT FRANÇAIS

DE LA FIN DE NON-RECEVOIR

ET DES PRESCRIPTIONS
ÉTABLIES EN MATIÈRE DE TRANSPORT PAR TERRE

INTRODUCTION

L'importance de l'industrie des transports est incontestable ; elle est nécessaire à toutes les autres industries, puisque c'est elle qui leur livre les matières premières et qui répartit ensuite les produits manufacturés entre tous les consommateurs ; elle est donc digne de faire l'objet des plus sérieuses préoccupations du législateur.

Les entreprises de transport ont toujours été divisées en deux grandes classes : d'une part les transports par terre, auxquels le législateur a assimilé ceux qui s'effectuent sur les cours d'eau dans l'intérieur des terres par le moyen de bateaux d'une capacité restreinte ; d'autre part les transports maritimes qui emploient des bâtiments d'un tonnage généralement beaucoup plus considérable que les bateaux fluviaux.

Nos anciens législateurs s'étaient principalement préoccupés de cette seconde classe de transports qui étaient autrefois les plus importants et les plus rapides ; ils avaient compris la nécessité d'arriver à un prompt règlement des contestations auxquelles peuvent donner lieu les transports par mer, et leurs préoccupations avaient eu pour résultat la confection d'une série de règles édictées dans l'ordonnance de 1681 (livre 1er, titre 12) et ayant pour objet de limiter la durée des actions relatives au contrat de transport par mer.

Mais la durée des actions relatives aux transports effectués à l'intérieur des terres n'avait fait l'objet, dans notre ancien droit, d'aucune disposition législative analogue à celles de l'ordonnance de 1681 pour les transports par mer. Les législateurs de 1681 avaient bien vu la différence profonde entre les transports par mer et les transports terrestres ou fluviaux ; un navire, en effet, représente un capital considérable, qui se détériore rapidement, qui doit parcourir de longs trajets, et qui court des risques énormes ; il doit donc naviguer sans cesse pour servir à son propriétaire l'intérêt du capital engagé et amortir ce même capital avant de périr ; c'est pour cela que les capitaines se hâtent de reprendre la mer aussitôt le navire chargé, et le législateur doit leur faciliter le départ en ne retenant pas inutilement le navire dans le port par de longs procès. Un voiturier par terre ou un batelier fluvial, au contraire, n'engage qu'un capital moins considérable, représenté par un véhicule qui

périt moins rapidement, qui effectue des trajets plus ré-
duits, et qui en tous cas court des risques beaucoup
moindres que le navire. Le voiturier par terre peut donc,
bien plus facilement que le transporteur par mer, se trouver sur les lieux du procès ; il n'y a donc pas autant d'intérêt à le soustraire au droit commun au point de vue
de la durée des contestations auxquelles peut donner
lieu le contrat de transport par terre. Ces considérations
expliquent pourquoi notre ancienne législation a laissé
le contrat de transport par terre soumis au droit commun
au point de vue de la durée des actions.

Lors de la rédaction du Code de commerce, on repro-
duisit aux titres 13 et 14 du livre 2 les règles du titre 12
du livre 1ᵉʳ de l'ordonnance de 1681, dont Valin avait déjà
reconnu la sagesse et expliqué l'utilité pour les transports par mer, mais on ne s'en tînt pas là. Inspiré peut-
être par une pensée d'assimilation, le législateur de 1807
eut l'idée d'appliquer aux transports par terre des règles
restrictives de la durée des actions analogues aux règles
des transports maritimes, et cette pensée se traduisit
dans les deux articles 105 et 108 du Code de commerce
ainsi conçus :

Article 105. « *La réception des objets transportés et
le paiement du prix de la voiture éteignent toute action
contre le voiturier* ».

Article 108. « *Toutes actions contre le commissionnaire et le voiturier, à raison de la perte ou de l'avarie des
marchandises, sont prescrites après six mois pour les*

expéditions faites dans l'intérieur de la France, et après un an, pour celles faites à l'étranger ; le tout à compter, pour les cas de perte, du jour où le transport des marchandises aurait dû être effectué, et, pour les cas d'avarie, du jour où la remise des marchandises aura été faite, sans préjudice des cas de fraude ou d'infidélité ».

Ces dispositions ne paraissaient pas trop sévères en 1807. Et pourtant il faut tout de suite remarquer combien variait la situation faite au destinataire, selon qu'il recevait ses arrivages soit par voie maritime, soit par voie terrestre ou fluviale. Dans le premier cas, la déchéance de l'action en réparation du dommage arrivé à la marchandise n'était encourue par le destinataire que 24 heures après la réception non suivie de protestation, et, si le destinataire protestait dans les 24 heures, il conservait son action pendant 30 ans ; dans le deuxième cas la déchéance résultait *ipso jure* de la réception de la marchandise et du paiement du prix, et, si cette déchéance n'était pas encourue, l'action du destinataire contre le voiturier se prescrivait par six mois ou un an. On peut trouver singulière au premier abord cette diversité de la situation faite au destinataire. Voici comment elle est expliquée dans le rapport adressé à M. le Garde des sceaux au nom de la Commission extra-parlementaire instituée au Ministère de la justice avec le concours des ministres du commerce et des travaux publics :

« Si au moment de la rédaction du Code de commerce une différence a été faite entre la livraison des marchandises transportées par mer et celle des marchandises transportées par voiture, la raison en est incontestablement la suivante : le transport par terre n'avait lieu que pour des quantités minimes ; le voiturier et le destinataire entraient en relations directes. Souvent, après la livraison faite et le prix reçu, le voiturier disparaissait sans laisser de représentant. La vérification immédiate était possible ; elle pouvait être nécessaire. Tout autres étaient les conditions du commerce maritime. Les arrivages étaient déjà nombreux, les livraisons se faisaient par masses. Au milieu de l'agitation un peu fébrile du débarquement, la vérification était sommaire ; le bateau transporteur était au port ; il y relâchait quelque temps, un jour au moins. On a jugé alors qu'il était nécessaire d'autoriser, après vérification plus complète, la protestation dans les vingt-quatre heures ».

Quoi qu'il en soit de ces explications qui seront développées du reste dans le cours de cette étude, il est évident que la construction des chemins de fer a opéré une révolution dans l'industrie des transports, et l'on conçoit aisément que l'application des articles 105 et 108 aux transports par chemin de fer ait donné lieu à des difficultés. On a même soutenu que cette application ne pouvait être faite, sous prétexte que les voies ferrées étaient inconnues du législateur de 1807. Cette théorie fut repoussée ; les tribunaux appliquèrent la loi et les compagnies de chemin de fer, puissamment organisées pour la poursuite des affaires litigieuses, firent tirer en leur faveur par la jurisprudence les conséquences extrêmes du régime des articles 105 et 108.

De nombreuses réclamations s'élevèrent parmi les négociants et les Chambres de commerce s'en firent les interprètes dans des pétitions qui furent déposées sur le bureau de la Chambre. Celle-ci renvoya les pétitions en 1879 à l'examen des ministres de la justice, des travaux publics et du commerce. Les ministres, saisis par ce renvoi, constituèrent une commission extra-parlementaire à l'effet d'examiner les plaintes du commerce. Sur le rapport de cette commission, un projet de loi dû à l'initiative du gouvernement fut déposé sur le bureau de la Chambre le 28 novembre 1881. Une commission parlementaire fut nommée pour examiner le projet du gouvernement et le rapporteur, M. Bisseuil, dans la séance du 29 mars 1884, déposa un rapport concluant à l'adoption des dispositions proposées par le gouvernement, sous la réserve de quelques modifications qui ne portaient aucune atteinte au principe qui avait inspiré le projet. La discussion du projet ne put être abordée en séance publique pendant cette législature, et ce fut pendant la législature suivante que le gouvernement déposa à nouveau un projet de loi sur le bureau de la Chambre le 26 novembre 1885. Une commission parlementaire fut nommée pour examiner le projet du gouvernement, et le 21 octobre 1886 le rapporteur, M. Gilbert Gaillard, déposait un rapport concluant à l'adoption du

projet, mais en l'amendant dans un sens libéral conformé-
ment aux vœux exprimés dans de nombreuses pétitions.
Le projet de loi vint en première délibération le 22 mars
1887 et, après avoir été l'objet d'un rapport supplémen-
taire déposé par M. Gilbert Gaillard dans la séance du
4 avril 1887, il fut adopté en seconde délibération par
la Chambre le 1ᵉʳ juillet suivant. Renvoyé ensuite au
Sénat le 15 novembre 1887, il fut examiné par une commission, dont le rapporteur, M. Demôle, déposa le
10 décembre suivant un rapport qui reconnaissait
comme celui de M. Gilbert Gaillard l'utilité de la réforme
projetée, mais qui modifiait sur plusieurs points le projet
de la Chambre des députés. Après une première délibération dans les séances des 3 et 6 février 1888 et une
seconde délibération dans les séances des 16, 17 et
20 février 1888, le projet revint à la Chambre et fut aussitôt renvoyé à la commission dont le rapporteur, M. Gilbert Gaillard, déposa dans la séance du 24 mars 1888
un rapport proposant l'adoption du projet tel qu'il reve-
nait du Sénat. La Chambre adhéra aux conclusions du
rapporteur, et le 29 mars 1888, le projet fut définitivement adopté après déclaration d'urgence et devint la loi
du 11 avril 1888. Cette loi est ainsi conçue :

ARTICLE PREMIER.

*Les articles 105 et 108 du Code de commerce sont rem-
placés par les articles suivants :*

Article 105. « *La réception des objets transportés et*

le payement du prix de la voiture éteignent toute action contre le voiturier pour avarie ou perte partielle, si dans les trois jours, non compris les jours fériés, qui suivent celui de cette réception et de ce payement, le destinataire n'a pas notifié au voiturier par acte extra-judiciaire ou par lettre recommandée sa protestation motivée.

« *Toutes stipulations contraires sont nulles et de nul effet. Cette dernière disposition n'est pas applicable aux transports internationaux* ».

Article 108. « *Les actions pour avaries, pertes ou retard auxquelles peut donner lieu contre le voiturier le contrat de transport, sont prescrites dans le délai d'un an, sans préjudice des cas de fraude ou d'infidélité.*

« *Toutes les autres actions auxquelles ce contrat peut donner lieu, tant contre le voiturier ou le commissionnaire que contre l'expéditeur ou le destinataire, aussi bien que celles qui naissent des dispositions de l'article 541 du Code de procédure civile, sont prescrites dans le délai de cinq ans.*

« *Le délai de ces prescriptions est compté, dans le cas de perte totale, du jour où la remise de la marchandise aurait dû être effectuée, et, dans tous les autres cas, du jour où la marchandise aura été remise ou offerte au destinataire.*

« *Le délai pour intenter chaque action récursoire est d'un mois. Cette prescription ne court que du jour de l'exercice de l'action contre le garanti.*

« *Dans le cas de transports faits pour le compte de*

*l'État, la prescription ne commence à courir que du jour
de la notification de la décision ministérielle emportant
liquidation ou ordonnancement définitifs* ».

ARTICLE II.

« *Dans les cas prévus par la présente loi, les prescriptions commencées au moment de la promulgation seront
acquises par cinq ans, à dater de cette promulgation, si,
d'après la loi antérieure, il reste un temps plus long à courir* ».

ARTICLE III.

« *La présente loi est applicable aux colonies de la Mar-
tinique, de la Guadeloupe et de la Réunion* ».

Ce sont les dispositions de cette loi qui vont faire
l'objet de cette étude. Une première partie sera consacrée à la fin de non-recevoir de l'article 105. Dans une
seconde partie nous étudierons les prescriptions de l'article 108. Un appendice sera consacré aux règles de
quelques transports particuliers (transports mixtes,
transports internationaux, transports pour le compte de
l'État). Après avoir ainsi étudié la loi dans tous ses détails, les conclusions se dégageront d'elles-mêmes et il
suffira de les indiquer pour apprécier en connaissance
de cause la loi du 11 avril 1888.

PREMIÈRE PARTIE

DE LA FIN DE NON-RECEVOIR ÉTABLIE
PAR L'ARTICLE 105

Nous avons vu que c'est en 1807 que la fin de non-recevoir de l'article 105 a été introduite dans notre législation : auparavant les transports par terre étaient soumis au droit commun au point de vue de la durée des actions. La disposition de l'article 105 était fondée sur cette présomption que dans un contrat bilatéral, lorsque l'une des parties a exécuté ses obligations, l'autre partie, en exécutant les siennes à son tour, reconnaît en quelque sorte que la première est libérée. Cet aveu, le législateur de 1807 l'avait transformé en une présomption absolue : lorsque le destinataire avait reçu la marchandise et payé le prix du transport, il était déchu de tout recours contre le voiturier. Cette disposition avait l'avantage de contraindre les parties à une constatation immédiate du dommage allégué et supprimait les contestations où des difficultés de preuve trop grandes auraient retardé la solution du débat.

Le législateur de 1885 a laissé subsister la présomption de l'ancien article 105, mais il a soumis sa naissance à l'écoulement d'un délai de trois jours à partir de
la réception de la marchandise et du paiement du prix,
et il a restreint la sphère d'application de l'article 105.
Pour nous rendre compte de cette réforme, il nous faudra étudier successivement les conditions auxquelles est
subordonnée l'application de l'article 105, les personnes
qui peuvent invoquer ce même article et auxquelles on
peut l'opposer, les actions qui sont soumises à l'application de l'article 105 et enfin les cas où le voiturier ne
peut invoquer le bénéfice de l'article 105 ; notre première partie sera donc divisée en quatre chapitres suivant l'exposé ci-dessus.

CHAPITRE PREMIER

DES CONDITIONS REQUISES POUR QUE LA FIN DE NON-RECEVOIR
DE L'ARTICLE 105 PUISSE
ÊTRE INVOQUÉE PAR LE VOITURIER.

Ces conditions sont au nombre de trois : réception de l'objet transporté, paiement du prix de transport, accomplissement d'un délai de trois jours à partir de la réalisation des deux premières conditions.

Chacune de ces conditions va faire l'objet d'une section distincte.

SECTION PREMIÈRE. — RÉCEPTION DE L'OBJET TRANSPORTÉ.

La réception des marchandises et le paiement du prix avaient autrefois une importance plus grande qu'aujourd'hui. Avant la loi du 11 avril 1888, en effet, la réception des marchandises et le paiement du prix suffisaient pour permettre au voiturier d'opposer la fin de non-recevoir de l'article 105 ; aujourd'hui ces faits ne servent plus que de point de départ à un délai de trois jours pendant lequel une protestation signifiée au transporteur arrête les effets de la déchéance. Il est donc utile de déterminer le moment de la réception lorsqu'elle doit

servir de point de départ au délai de trois jours, c'est-à-
dire lorsqu'elle a été précédée du paiement du prix.

§ 1. — Des différentes manières dont s'opère la réception
des objets transportés.

Qu'est-ce que la réception des marchandises ? C'est la
remise réelle des colis transportés à une personne ayant
qualité pour les recevoir.

Autrefois la réception des marchandises s'opérait
d'après une lettre de voiture que le transporteur remet-
tait au destinataire en même temps que les colis ; ce titre
dressé en présence de l'expéditeur, qui en débattait lui-
même les clauses avec soin, accompagnait la marchandise et permettait au destinataire d'embrasser d'un coup
d'œil ses propres obligations et celles du voiturier. Il en
est encore ainsi aujourd'hui pour les transports par
roulage ou par bateau ; la réception des marchandises a
donc lieu au moment où le destinataire en prend possession.

Lorsqu'il s'agit d'expéditions par chemin de fer, la
lettre de voiture est remplacée par deux pièces distinc-
tes : la déclaration d'expédition que l'expéditeur remet
à la Compagnie, et le récépissé que la Compagnie dresse
seule pour le remettre au destinataire avec la marchandise.

Quand la livraison a lieu en gare, le destinataire, pré-
venu de l'arrivée de sa marchandise par une lettre d'a-
vis de la Compagnie, se rend à la gare et commence par

payer le prix du transport dont on lui donne quittance sur le récépissé qui remplace aujourd'hui la lettre de voiture ; puis il émarge le livre de sortie de la Compagnie qui lui délivre une feuille de livraison. A ce moment, peut-on dire qu'il y a réception des marchandises ? Non ; le paiement du port et l'émargement du livre de sortie n'établissent qu'une réception fictive (1) ; la Compagnie reconnaît elle-même que la décharge donnée sur le livre de sortie n'est que provisoire, puisqu'elle a délivré au destinataire une feuille de livraison, un bon de sortie. Le destinataire, muni de cette pièce, se rendra au quai et là il enlèvera la marchandise et remettra en s'en allant la feuille de sortie qu'il a dû signer et qui servira de décharge définitive à la Compagnie ; c'est alors seulement qu'on pourra dire qu'il y a réception de la marchandise.

Lorsque la livraison a lieu à domicile, c'est le camionneur de la Compagnie qui apporte les marchandises à destination, reçoit le prix et fait émarger sa feuille de livraison par le destinataire, tout cela presque simultanément ; il y aura donc réception lorsque le destinataire, après avoir payé le prix, aura accepté la marchandise et laissé partir le voiturier ; à partir de ce moment le délai de trois jours commence à courir.

Que la réception ait lieu en gare ou à domicile, le destinataire, ainsi que nous le dirons en traitant de la preuve, aura intérêt, même encore aujourd'hui, à faire

(1) Arrêt de Cass., 12 mars 1873, S. 73, 1, 111.

constater les avaries ou les manquants par les représentants de la Compagnie, afin d'établir d'une manière incontestable que ces avaries ou ces manquants sont
antérieurs à la livraison. Cet intérêt existe d'une façon
particulièrement pressante lorsque la marchandise
ayant voyagé dans des wagons plombés sous le régime
de la douane, la réception a lieu dans les magasins de
l'administration des douanes situés dans les dépendan-
ces de la gare. Dans cette hypothèse, on pourrait soutenir que la constatation d'une avarie ou d'un manquant
par les employés de la douane prive la Compagnie du bénéfice de l'article 105 ; il n'en est rien et la Cour de cassation a jugé le contraire (1), réformant un jugement du
Tribunal de commerce de Toulouse qui avait enlevé à la
Compagnie le bénéfice de l'article 105, sous prétexte
que des manquants avaient été constatés en douane. Ainsi
donc le destinataire aurait dû faire appeler un agent de
la Compagnie à l'ouverture des colis dans les magasins
de la douane et lui faire constater les manquants ou les
avaries avant d'enlever les marchandises ; sinon il est
frappé de la déchéance de l'article 105, à moins de protester dans les trois jours et de prouver que les avaries
ou les manquants ont eu lieu pendant le transport et
non pendant le séjour en douane.

(1) Cass. 6 nov. 1878, S. 1879, 1, 227.

§ 2. — *Des personnes qui ont qualité pour recevoir
les objets transportés.*

Quelles sont maintenant les personnes qui ont qualité pour recevoir les marchandises et en donner décharge au voiturier ? C'est en premier lieu le destinataire désigné dans le contrat de transport. C'est ensuite l'expéditeur dont la personne se confond souvent avec celle du destinataire. Enfin on doit admettre évidemment que le mandataire du destinataire ou de l'expéditeur peut remplacer ceux-ci pour la réception des marchandises, et par mandataire il faut entendre, dit M. Féraud-Giraud (1) : « toute personne qui porteur des pièces et justifiant au besoin de sa qualité, se présente au nom du destinataire ; ainsi le camionneur choisi par le destinataire. Mais la Compagnie qui aurait remis à ses propres camionneurs la marchandise à transporter, eût-elle ou non reçu d'eux le prix du transport, ne saurait attribuer à un de ses employés ou sous-traitants la qualité de représentant du destinataire, pour priver celui-ci de l'exercice d'une partie de ses droits ».

Ainsi donc il n'y a pas réception des marchandises lorsque la Compagnie de chemins de fer a remis les colis à un entrepreneur avec lequel elle a traité pour exécuter ses camionnages. Il en sera de même lorsqu'elle aura livré les marchandises à une autre Compagnie chargée d'achever le transport, à condition toutefois que

(1) Féraud-Giraud, *Code des transports,* 2° édition, n° 911.

l'expéditeur n'ait traité pour le transport total qu'avec la première Compagnie. Si en effet l'expéditeur s'est adressé directement à des Compagnies différentes pour chaque portion du transport, il y aura en réalité plusieurs transports successifs constatés par des lettres de voiture différentes et à chaque étape, une réception nouvelle s'opèrera. Chaque destinataire provisoire devra donc être traité comme un voiturier intermédiaire et non pas comme un commissionnaire intermédiaire, car le commissionnaire intermédiaire est un substitué du commissionnaire primitif, étranger au destinataire et à l'expéditeur (1). Par conséquent, dans notre hypothèse, chaque réception pourra servir de base à chacun des voituriers pour opposer la fin de non-recevoir de l'article 105, lors même que l'un d'eux saurait pertinemment que la marchandise doit être réexpédiée ; c'est ce qui arrive lorsque le voiturier livre les colis à un commissionnaire de transports avec lequel il entretient des relations journalières ; même dans ce cas le voiturier pourra invoquer l'article 105 si les autres conditions nécessaires sont remplies, car il a accompli ses obligations suivant les termes du contrat passé avec l'expéditeur ; cela suffit pour permettre d'opposer la fin de non-recevoir de l'article 105 (2).

Lorsqu'au contraire l'expéditeur a traité avec une seule Compagnie pour un transport qui nécessitera l'em-

(1) C. de cass. 23 mars 1870. S. 70. 1. 257.
(2) C. de cass. 16 mai 1870. S. 70. 1. 258.

ploi de trois réseaux différents, par exemple, la première
Compagnie joue le rôle de voiturier, pour toute la partie
du transport qui s'effectue sur son propre réseau, et de
commissionnaire de transport, pour le reste du voyage ;
la réception ne s'opèrera donc vis-à-vis d'elle que par
la livraison au destinataire indiqué par la lettre de voi-.
ture ; il en sera de même de la troisième Compagnie,
puisque c'est elle qui achève le transport et doit présenter les marchandises au destinataire.

Mais quelle sera l'étendue de l'obligation de la seconde
Compagnie ? Nous croyons que cette obligation ne cessera qu'à l'achèvement complet du transport et nous
dirons avec M. Sarrut (1) que « la Compagnie attaquée
ne pourra pas rejeter la responsabilité sur la Compagnie
à laquelle elle a remis le colis en prétendant que cette
Compagnie a reçu le colis et payé le prix du transport
sans faire de réserves ». M. Paul Jacqmin (2), dans son
étude sur la responsabilité des Compagnies de chemins
de fer, répond à M. Sarrut que « cela est exact quand la
Compagnie attaquée est la première, celle avec laquelle
on a traité, mais non si on a attaqué la deuxième Compagnie. En effet, le deuxième voiturier n'a jamais traité
avec l'expéditeur, et on ne peut pas dire qu'il lui ait promis en aucune manière le fait du troisième voiturier ».
A cela nous répondons que sans doute la deuxième Com-

____

(1) Sarrut, *Législation et jurisprudence sur le transport des marchandises par chemin de fer*, n° 858.

(2) Paul Jacqmin, thèse, *Des obligations et de la responsabilité des Compagnies de chemin de fer*, p. 316.

pagnie n'a pas traité avec l'expéditeur, mais, en acceptant la marchandise que lui livre la première en vertu du contrat unique de transport passé entre celle-ci et l'expéditeur, elle accepte par là-même les obligations résultant de ce contrat. Elle joue donc le rôle de commissionnaire vis-à-vis de la troisième Compagnie, parce que le mandataire substitué est tenu de toutes les obligations du mandataire primitif. Sans doute elle n'est pas commissionnaire ducroire, car elle n'a pas promis le fait de la troisième Compagnie ; la première Compagnie seule, en effet, nous disent MM. Lyon-Caen et Renault (1), est commissionnaire ducroire ; mais elle est cependant commissionnaire, et comme telle engagée aussi bien que la première Compagnie à faire parvenir la marchandise au destinataire définitif ; son obligation ne cessera donc que par l'arrivée des colis à destination, qui seule constituera pour elle une réception susceptible de servir de base à l'application de l'article 105.

§ 3. — De l'erreur dans la livraison et de
la livraison partielle.

Lorsque le destinataire, après avoir reçu les colis et payé le prix du transport, s'est aperçu après le délai de trois jours que les colis contenaient des marchandises qui ne lui étaient pas destinées, le voiturier ne pourra pas invoquer cette réception pour opposer l'article 105 à la réclamation du destinataire, car on ne saurait vrai-

____

(1) Lyon-Caen et Renault. Précis de Droit commercial, n° 911.

ment considérer une telle réception comme une décharge implicite des obligations résultant du contrat de transport (1).

En cas de livraison partielle de différents colis ayant fait l'objet au départ d'un seul et unique contrat de transport, le voiturier ne sera pas déchargé de ses obligations par le paiement de la partie du prix correspondant à la livraison effectuée. Cette réception et ce paiement en effet, ne mettent pas fin au contrat de transport, et le destinataire pourra encore réclamer utilement lors de l'arrivée du surplus de l'expédition ; son silence lors de la première livraison ne doit pas être interprété comme une renonciation à ses droits (2).

En résumé, la réception, pour servir de base à la fin de non-recevoir de l'article 105, doit être réelle, s'effectuer en fin du transport en présence du destinataire ou de l'expéditeur ou de leurs représentants, et comprendre la totalité des marchandises qui ont fait l'objet du contrat de transport.

SECTION II. — PAIEMENT DU PRIX DU TRANSPORT.

Nous avons dit que la seconde condition requise pour l'application de l'article 105, c'était le paiement du prix.

Tout comme la réception, ce paiement doit être réel. Ainsi, lorsqu'il existe un compte courant entre le voitu-

(1) Cass., 10 mars 1883, S. 84, 2, 112.
(2) Cass., 15 juillet 1878, S. 78, 1, 425.

rier et le destinataire, il n'y aura pas lieu à chaque transport d'appliquer l'article 105, parce que l'inscription
par le voiturier du prix de transport au débit du destinataire n'est qu'un paiement fictif : « Ce paiement, dit
M. Bédarride (1), ne deviendra le fait du destinataire
qu'autant que l'arrêté de compte et le règlement le met-
tront définitivement à sa charge. Jusque-là il peut le
contester, le faire réduire ou retrancher du crédit de la
Compagnie : il n'a donc pas réellement payé et dès lors
il ne peut se voir opposer la fin de non-recevoir ». Ainsi
donc les transports en compte courant doivent être con-
sidérés non comme des opérations séparées, mais
comme une opération unique terminée seulement par
l'arrêté de compte.

Par qui maintenant le paiement doit-il être fait pour
qu'il soit susceptible, étant joint à la réception des marchandises et à l'écoulement du délai de trois jours,
d'entraîner la déchéance de l'article 105 ? Par le destinataire ou en son nom, car la déchéance est fondée
sur la renonciation tacite à réclamer une indemnité que
le destinataire est présumé avoir faite ; or cette présomption ne peut naître que du paiement effectué par
le destinataire ou opéré en son nom ; en conséquence
le paiement fait par un voiturier intermédiaire ne saurait lui nuire.

A quel moment doit avoir eu lieu le paiement ? L'article 105 ancien tout comme le nouvel article 105 sont

(1) Bédarride, *Des chemins de fer*, n° 667.

muets sur ce sujet. La question reste donc encore aujourd'hui controversée. Deux opinions sont en présence.

Dans une première opinion, confirmée par une jurisprudence presqu'unanime, le paiement doit avoir été effectué après l'achèvement du transport. Cette doctrine adoptée par la majorité des auteurs exclut l'application de l'article 105 dans tous les cas d'expédition en port payé.

En faveur de cette opinion, on peut d'abord faire valoir le texte même de l'article 105 qui porte : « *la réception des objets transportés et le paiement du prix de la voiture éteignent toute action contre le voiturier* » ; la disposition même des termes de l'article 105 implique donc que le paiement doit suivre la réception et non la précéder. Et plus loin le nouvel article 105 ajoute : « Si dans les trois jours qui suivent celui de cette réception et de ce paiement », ce qui fait supposer que ces deux faits ont dû se réaliser le même jour.

En second lieu, on invoque en faveur de la doctrine de la jurisprudence la maxime « res inter alios acta, etc. » ; le paiement fait par l'expéditeur ne peut être opposé au destinataire parce que c'est une circonstance à laquelle ce dernier est resté tout à fait étranger ; elle ne doit donc pas lui nuire.

En troisième lieu, la jurisprudence présente un dernier argument que nous trouvons ainsi formulé dans un arrêt de la Chambre des requêtes de la Cour de cassation (1) : « Attendu que, si l'article 105 du Code de com-

(1) C. de cass., 4 déc. 1871. S. 72, 1, 67.

7

merce déclare éteinte toute action contre le voiturier par
la réception des objets transportés et le paiement du prix
de la voiture, cette disposition, fondée uniquement sur
la renonciation tacite que la loi suppose de la part du
destinataire au droit qui lui aurait appartenu de réclamer une indemnité, n'est applicable que dans le cas où
le paiement a été opéré après le transport, parce que ce
paiement seul implique l'abandon de ses droits ; que le
paiement effectué avant le transport par l'expéditeur, ne
pouvant donner naissance à la même présomption, ne
saurait motiver la même déchéance ».

Dans une deuxième opinion soutenue seulement par
la doctrine et notamment par M. Féraud-Giraud (1) et
M. Lyon-Caen (2), l'article 105 est applicable aux expéditions en port payé comme aux autres expéditions.

Et d'abord l'article 105 statue suivant ce qui se passe
dans la pratique où le paiement du prix suit la réception ;
il n'y a donc pas lieu de se prévaloir de la place respec-
tive qu'occupent les termes de notre texte.

En second lieu la maxime « res inter alios acta, etc. »
n'est pas de mise dans notre hypothèse, car le destinataire n'est pas en réalité resté étranger au paiement fait
par l'expéditeur, et la preuve, c'est que le voiturier a dû
lui remettre une pièce constatant ce paiement et qui lui
permettra de le refuser si on le lui demande à nouveau ;
par conséquent, si le destinataire peut se prévaloir du

---

(1) Féraud-Giraud, *Code des transports*, 2ᵉ édition, pages 211 et 212.
(2) Lyon-Caen, *Le Droit*, 9 déc. 1888, § 1, nº 7.

paiement fait par l'expéditeur, on doit pouvoir s'en prévaloir contre lui. Il est certain que si un tiers, à l'insu du destinataire, payait le prix du transport, ce paiement ne pourrait servir de fondement à l'application de l'article 105, mais l'expéditeur n'est pas un tiers pour le destinataire. Sans doute il ne peut pas le lier par le contrat qu'il a passé avec le voiturier. Mais lorsque le destinataire réclame une indemnité au voiturer pour une avarie ou une perte partielle, il invoque le contrat de transport ; il ratifie ainsi le paiement fait par l'expéditeur et ce paiement devra pouvoir lui être opposé par le voiturier.

Il y a du reste deux cas d'expédition en port payé où il est impossible de prétendre que le destinataire soit resté étranger au paiement du prix. C'est d'abord le cas où la personne du destinataire se confond avec celle de l'expéditeur (1) ; — c'est ensuite l'hypothèse où le destinataire a donné l'ordre à l'expéditeur de lui faire un envoi franco. Dans ces deux cas, qui se présentent journellement, le second argument du système de la jurisprudence ne peut plus être invoqué.

Reste enfin le dernier argument exposé dans l'arrêt de la Cour de cassation du 4 décembre 1871 et qui consiste à dire que seul le paiement opéré par le destinataire après l'exécution du transport implique pour ce destinataire l'abandon de ses droits. Cet argument nous

_____

(1) C'est ce qui a lieu pour le transport des bagages des voyageurs ; l'article 105 est donc applicable, selon nous, à cette classe de transports.

paraît faux ; il y a là une simple affirmation qui est manifestement contraire au texte et à l'esprit de l'article 105. Il est certain que le paiement fait avant l'exécution du transport n'implique aucun abandon de droits
pour le destinataire, mais il ne faut pas oublier que le
paiement tout seul, même opéré après l'achèvement du
transport, ne suffit pas pour faire encourir la déchéance
au destinataire ; la loi exige encore pour que ce résultat
se produise l'accomplissement de deux autres conditions,
et il est évident que seule la réalisation de la dernière
condition sera décisive ; ainsi la loi ne considère pas isolément chacune de ces conditions pour établir la déchéance ; elle en exige la réunion qui seule supposera un
abandon de droits par le destinataire.

Si l'on voulait pousser jusqu'au bout le raisonnement
de la Cour de cassation, il faudrait soustraire encore à
l'application de l'article 105 toutes les expéditions en
gare. En effet, nous avons vu en décrivant la réception
en gare que le destinataire payait le prix avant même
d'avoir vu les colis ; comment pourrait-on dire qu'un
tel paiement implique un abandon de droits ; il faudrait
donc, pour être logique, assimiler les expéditions en
gare aux expéditions en port payé, ce qui restreindrait
vraiment par trop la sphère d'application de l'article 105.
La Cour de cassation repousse cette conséquence, et son
système a pour résultat de laisser le voiturier à la merci
du destinataire pendant le délai de la prescription d'un
an, ce qui est manifestement contraire au but que le lé-

gislateur avait voulu atteindre en édictant une fin de non-recevoir immédiate dans l'article 105. Remarquons enfin qu'il serait au moins singulier que le législateur eût laissé aux parties un moyen d'éluder l'article 105 ; il leur suffirait en effet de convenir que tous les envois seront désormais effectués en port payé ; de cette manière l'article 105 resterait lettre morte.

Il faut donc avouer que la solution de la jurisprudence ajoute au texte de l'article 105, mais nous reconnaissons aussi que rien dans les travaux préparatoires de la nouvelle loi n'accuse l'intention d'abandonner cette solution. Mais, comme le dit si bien M. Lyon-Caen à l'endroit que nous avons cité plus haut, « avec la loi nouvelle, l'expiration du délai de trois jours sans protestation ajoute une grande force à la présomption qui sert de base à la fin de non-recevoir, présomption selon laquelle celui qui reçoit sans réserves des marchandises d'un voiturier, alors que le prix est payé, reconnaît implicitement qu'il n'a pas de réclamation à former. On conçoit que ce nouvel élément, nécessaire pour qu'il y ait lieu à la fin de non-recevoir, empêche d'exiger, comme on le faisait précédemment, que le prix soit payé par le destinataire lui-même ».

En résumé le paiement du prix du transport doit être réel et exécuté par le destinataire, l'expéditeur ou par leurs représentants.

SECTION III. — DÉLAI DE TROIS JOURS.

La troisième condition requise pour que le voiturier puisse invoquer la déchéance de l'article 105, c'est que dans les trois jours, non compris les jours fériés, qui suivent celui de la réception et du paiement, le destinataire n'ait notifié aucune protestation au voiturier. Il est assez superflu d'avoir exclu les jours fériés en termes exprès, car ils sont exclus des délais utiles en toute matière ; il est évident aussi que, si le jour de la réception et du paiement était férié, cette circonstance n'influerait en rien sur le délai de protestation.

La rédaction adoptée par le Sénat en première délibération portait « dans les trois jours, non compris les jours fériés, qui suivent cette réception et ce paiement ». En deuxième délibération, M. Pâris a voulu indiquer nettement que le jour où la réception et le paiement se réaliseraient ne serait pas compris dans le délai, et il a corrigé la rédaction primitive en substituant aux mots « qui suivent la réception » les mots « qui suivent celui de cette réception ». Cette rédaction qui est devenue définitive ne fait que mettre en lumière un principe de droit commun, à savoir que le *dies a quo* n'entre pas dans la computation du délai, mais elle a l'inconvénient de faire supposer que le législateur n'a prévu dans l'article 105 que l'hypothèse où la réception et le paiement se sont réalisés le même jour, et de fournir ainsi un argument à ceux qui soutiennent que l'article 105 est inapplicable aux expéditions en port payé.

Il ne faut donc pas prendre à la lettre les expressions dont s'est servi le législateur qui a statué *de eo quod plerumque fit* ; on doit entendre par « jour de la réception et du paiement » le jour où s'est réalisée la condition décisive, celle qui servira de point de départ au délai, quel que soit l'ordre dans lequel se sont produites ces conditions. On peut même regretter à ce sujet que, lorsque la réception a eu lieu la première, on ait suspendu jusqu'au paiement le cours du délai de protestation. Car si le paiement n'a lieu que plusieurs mois après la réception des marchandises, le destinataire a eu plus que le temps nécessaire de les vérifier et de protester, et il est superflu de lui donner encore dans ce but un délai de trois jours à compter du paiement. Le législateur aurait trouvé là l'occasion de faire une assimilation aux règles du transport maritime ; les articles 435 et 436 du Code de commerce, qui donnent au destinataire un délai de 24 heures pour notifier sa protestation, donnent comme point de départ à ce délai la réception des marchandises sans mentionner le paiement du fret. Mais on n'a pensé en rédigeant la nouvelle loi qu'aux transports par chemin de fer où le paiement précède ou accompagne la réception et on ne s'est inquiété en rien des autres transports terrestres.

Ce sont là des détails, mais venons-en maintenant à la discussion du principe même de la réforme introduite par la loi nouvelle, à la création d'un délai de protestation analogue à celui des transports maritimes.

En faveur du maintien de l'ancien article 105 on invoque d'abord un argument juridique. Le destinataire, dit-on, reconnaît lui-même que le transporteur a accompli toutes ses obligations, en recevant sans réserves les marchandises et en payant le prix du transport.

Les partisans de la loi nouvelle répondent que la présomption de l'article 105 suppose que le destinataire a vérifié les marchandises ; mais s'il est démontré que cette supposition est contraire à la réalité dans la plupart des cas, la présomption qui en découle ne doit plus être maintenue. Or les transports par chemin de fer n'offrent pas les mêmes facilités de vérification que les autres modes de transport précédemment en usage, tout au moins pour les avaries intérieures. La vérification de ce genre d'avaries, lorsque la marchandise est livrable en gare, est onéreuse pour le destinataire ; elle est très difficile au milieu de l'encombrement de la gare, et la jurisprudence ne relève le réceptionnaire de la fin de non-recevoir qu'à condition de prouver que l'encombrement de la gare a eu pour résultat de le forcer à enlever ses marchandises sans pouvoir les vérifier. Quand la marchandise est livrable à domicile, la tolérance des anciens voituriers, qui ne réclamaient habituellement le prix de la voiture que plusieurs jours après la livraison, et, en tous cas, laissaient toujours au destinataire le temps de vérifier, a disparu. Les camionneurs des Compagnies de chemins de fer refusent d'assister à la vérification des colis ou « s'ils ne s'y refusent pas ils s'y prêtent de mauvaise grâce » (1) ; là encore il est donc impossible de vérifier les avaries intérieures.

A cet argument, que répondent les adversaires de la nouvelle loi ? « Admettons, disent-ils, que tout cela soit exact ; était-ce une raison pour supprimer la présomption légale inscrite dans l'article 105. A ce compte il fallait supprimer aussi une autre présomption qui en est la contre-partie : le voiturier, responsable de plein droit des avaries qui se produisent en cours de route, est censé avoir reçu les colis en bon état. Cela suppose évidemment qu'il a été mis à même de les vérifier. Or voilà, pour le coup, une fiction légale contraire le plus souvent à la réalité. Qu'on y regarde de près, on verra que toutes les causes qui rendent plus difficile aujourd'hui la vérification à l'arrivée (multiplicité des expéditions, célérité requise, crainte d'encombrement, etc.) rendent plus difficile aussi la vérification au départ. D'où la conclusion que. si les destinataires sont fondés à se plaindre de la transformation qui s'est produite depuis 1807, les voituriers le sont aussi, à certains égards, et qu'il y a compensation » (2).

Nous reconnaissons volontiers que la transformation des transports a modifié la situation des voituriers au

(1) Rapport de M. Thaller au nom de la Faculté de Lyon.
(2) Lucien Péronne, article publié dans les *Annales de droit commercial,* tome 2, Doctrine, p. 125,

départ ; mais nous ne croyons pas qu'on puisse dire, avec
M. Péronne, que la difficulté de vérification au départ
par le voiturier compense la difficulté de vérification à
l'arrivée pour le destinataire. Les deux situations, en
effet, ne sont pas les mêmes. Au départ, il est bien pré-
sumable que les marchandises sont en bon état ; il est
fort improbable que l'expéditeur aille s'aviser d'embal-
ler à grands frais des marchandises avariées et de les
expédier à un destinataire complaisant pour prétendre
ensuite qu'elles se sont avariées en route et réclamer de
ce chef une indemnité à la Compagnie. Cette fraude ne
vaudrait pas la peine qu'on s'exposât à un procès pour
obtenir une indemnité problématique. Admettons même
qu'elle se produise par extraordinaire ; il n'en est pas
moins vrai que les marchandises seront presque toujours en bon état au départ, et que les avaries intérieures
qu'on constate à l'arrivée se sont produites presque
certainement pendant le transport. La présomption en
vertu de laquelle le voiturier qui exécute un transport
est censé avoir reçu les marchandises en bon état nous
paraît donc bien plus vraisemblable que la présomption
sur laquelle était fondé l'ancien article 105 ; nous ne
croyons donc pas qu'il y ait en réalité compensation
entre les deux situations.

Le deuxième argument invoqué par les partisans du
maintien de l'ancien article 105 est un argument de fait,
un argument utilitaire. L'ancien article 105, disent-ils, a
le mérite de couper court à une foule de réclamations

que l'incertitude des preuves rendrait inutiles et périlleuses. Le nouvel article 105, qui accorde au destinataire le droit d'agir même après la réception de la marchandise et le paiement du prix du transport, fait renaître toutes les difficultés. Tous les travaux préparatoires en effet, nous démontrent que le destinataire sera tenu de prouver que l'avarie ou la perte partielle se sont produites avant la livraison, preuve fort difficile à fournir ; la nouvelle loi n'a pas entendu changer la règle générale sur le fardeau de la preuve et le rapport de M. Demôle au Sénat est particulièrement intéressant à citer à cet égard (1) :

« Pour être complet dans nos observations et ne laisser aucun doute sur la portée de l'adhésion que nous vous proposons de donner à la modification de l'article 105, nous devons dire que nous ne saurions admettre que cette modification pût entraîner une interversion dans les règles du droit commun en matière de preuve.

« Jusqu'à la réception par le destinataire, le voiturier a la garde et la responsabilité de la chose. Si, par conséquent, il entend s'exonérer de la garantie qui lui incombe, il lui appartient de prouver que la perte ou l'avarie, relevées à ce moment par le destinataire, ont eu lieu en dehors de toute faute qui lui soit imputable.

« Mais quand la chose a passé aux mains du destinataire, ne fût-ce que pendant les deux jours de délai de protestation, celui-ci devra, par application des mêmes

(1) Rapport au Sénat, Séance du 10 décembre 1887.

principes, établir que le fait dont il se plaint s'est produit antérieurement à sa prise de possession.

« On a essayé de soutenir que le délai de deux jours accordé pour la protestation doit être considéré, malgré la présence des objets chez le destinataire, comme la prolongation du transport et continuer la responsabilité du transporteur.

« Votre Commission, d'accord avec les énonciations de l'exposé des motifs et du rapport fait à la Chambre, estime que c'est là une fiction inadmissible et dont le résultat le plus certain serait de livrer le voiturier à toutes les entreprises de l'esprit de mauvaise foi ».

M. Pâris avait proposé d'ajouter à l'article 105 un paragraphe ainsi conçu : « A partir de la réception, le destinataire est tenu d'établir que le fait dont il se plaint s'est produit antérieurement à la prise de possession ».

Cet amendement a été rejeté par la seule raison qu'il était inutile et qu'on devait écarter d'une législation spéciale une disposition rentrant absolument dans les principes généraux. En proposant ce rejet, du reste, le rapporteur a eu soin de déclarer que l'idée de M. Pâris était absolument approuvée au fond par la Commission.

Ainsi c'est au destinataire, demandeur en dommages-intérêts, à prouver le bien fondé de son action. Mais quelles seront les difficultés de cette preuve? C'est ici que les opinions varient. Les partisans de la nouvelle loi comptent « sur les usages suivis par les tribunaux de commerce et sur la facilité avec laquelle ils admettent les éléments de preuve fournis par les parties (1) ».

La situation du reste n'est pas nouvelle ; le destinataire, en droit maritime, qui a 24 heures pour protester, aura à fournir également la preuve que les avaries se sont produites pendant le transport. Eh bien d'après la nouvelle loi, le destinataire d'un transport par terre aura à prouver non pas la faute du voiturier, mais seulement à démontrer que l'avarie ou les manquants existaient avant la livraison, et cette preuve pourra être administrée indirectement dans certains cas en établissant que l'avarie, d'après sa nature, n'a pu se produire depuis la livraison. Telle serait l'hypothèse où le destinataire établirait que les marchandises ont été avariées par un trop long séjour au soleil et qu'elles ont été emmagasinées par lui dans une cave aussitôt la réception. La preuve de l'antériorité des avaries ou des manquants une fois faite par le destinataire, la responsabilité du voiturier instituée par l'article 103 du Code de commerce sera établie de plein droit et elle ne pourra être détruite que par la preuve d'un cas fortuit ou du vice propre de la chose.

Ce n'est pas à dire que dans certains cas les deux parties ne puissent être reconnues en faute lorsqu'une avarie, s'étant produite pendant le transport, s'est aggravée ensuite par une faute du destinataire ; dans cette hypothèse, la responsabilité de l'avarie sera répartie proportionnellement à la gravité de la faute imputable à cha-

(1) Rapport de M. Michel au nom de la Faculté de Paris, p. 3.

cune des parties. Il ne serait même pas impossible qu'un destinataire de mauvaise foi abusât de la légitime protection que lui accorde le nouvel article 105 pour essayer d'en tirer un profit malhonnête. Étant donnée une marchandise très fragile qui aurait voyagé avec tous les soins requis et qu'on peut supposer avoir été remise en bon état au destinataire, celui-ci aura la faculté de soulever les colis et de les laisser retomber, peut-être même de les ouvrir, de briser le contenu et de les refermer, puis d'appeler des témoins ou même des experts, de vérifier devant eux l'état de la marchandise, et de protester dans les trois jours. Un autre genre de fraude, que nous avons mentionné plus haut, consisterait dans une entente entre deux malfaiteurs dont l'un expédierait des objets déjà brisés au départ et l'autre réclamerait une indemnité au voiturier après avoir fait constater les avaries et avoir protesté dans les trois jours. Ces fraudes seront fort rares, car, pour obtenir un bénéfice illicite qui ne pourra jamais être bien considérable, il faudra peut-être faire un procès au voiturier et en tous cas s'exposer à des sanctions pénales si celui-ci démontre la fraude.

A cette argumentation, les partisans du maintien de l'ancien article 105 répondent qu'en ce qui concerne d'abord la facilité de la preuve commerciale, il faut prendre garde aux dangers qu'elle offre ; même en admettant toute l'élasticité possible en cette matière, il y a bien des cas où le destinataire subira un échec certain et où la réclamation qui eût été écartée de prime abord par la fin de non-recevoir de l'ancien article 105, sera repoussée faute de preuves.

Quant à l'exemple de la législation des transports maritimes dont les auteurs de la nouvelle loi ont déclaré vouloir s'inspirer, il est loin d'être concluant. Si pour les transports maritimes les rédacteurs du Code de commerce, à l'instar des législateurs de 1681, ont accordé un délai de 24 heures au destinataire pour protester à compter de la réception des objets transportés, c'est qu'une vérification préalable des colis était non pas seulement difficile ou gênante, mais matériellement impossible. On ne pouvait évidemment pas songer à une vérification opérée sur le navire même, et comme la responsabilité du capitaine aurait cessé de plein droit aussitôt après le déchargement opéré sur le quai en présence du destinataire et dans les conditions déterminées par le connaissement, il n'était pas possible d'établir ici une fin de non-recevoir analogue à celle de l'article 105, c'est-à-dire impliquant pour le destinataire la faculté de vérifier les marchandises pendant que le voiturier les a encore sous sa garde. Ainsi le système des articles 435-436 du Code de commerce a été adopté non parce qu'il était le meilleur, mais parce qu'il paraissait le seul possible en cette matière ; son application a donné lieu du reste à de nombreuses difficultés, à tel point que d'après certains auteurs (1) le destinataire n'a qu'un moyen de fournir la preuve requise pour triom-

(1) Caumont, *Dict. de droit maritime*, au mot *Actions maritimes*, n° 55.

pher dans son action contre le capitaine : c'est de faire déposer les objets transportés dans un entrepôt neutre.

Et cependant l'avarie caractéristique, celle qui donne pour ainsi dire date certaine au dommage, se rencontre bien plus fréquemment en matière de transports maritimes qu'en matière de transports terrestres ; telles sont les avaries causées par le contact de l'eau de mer, qui sont les plus ordinaires et n'ont pu évidemment se produire après le déchargement. En matière de transports terrestres, au contraire, les avaries caractéristiques seront particulièrement rares ; lorsqu'il s'agira d'avaries intérieures et que la réception des marchandises aura eu lieu en gare, il sera presqu'impossible de dire si l'avarie s'est produite pendant le transport par chemin de fer ou pendant le transport par le camionneur du destinataire.

Ces considérations n'ont pas arrêté les auteurs de la nouvelle loi ; ils ont poursuivi « l'assimilation législative des transports terrestres aux transports maritimes » (Rapport de M. Bisseuil), sans tenir compte des difficultés de la preuve et ils ont accordé au destinataire un délai de trois jours qui sera la source de beaucoup plus de fraudes qu'on ne veut bien le dire.

Quoi qu'il en soit de ces considérations, nous croyons qu'avant de condamner le principe du délai accordé au destinataire, il faut attendre les résultats qu'il aura donnés dans la pratique. La nouvelle loi aurait sans doute comporté des améliorations que nous indiquerons au fur et à mesure dans cette étude, mais, en ce qui concerne le point particulier qui nous occupe, nous pensons que le législateur a donné assez justement satisfaction aux intéressés auxquels il appartiendra de parer aux inconvénients de la réforme qu'ils ont eux-mêmes demandée.

CHAPITRE II

DES ACTIONS SOUMISES OU SOUSTRAITES A L'APPLICATION
DE L'ARTICLE 105.

L'ancien article 105 soumettait à la déchéance toutes
les actions contre le voiturier relatives au contrat de
transport ; cette disposition excluait les actions nées
du délit du voiturier. La portée du nouvel article 105
est beaucoup plus restreinte ; seules les actions pour
avaries ou pour perte partielle sont soumises à la déchéance. Donc les actions intentées au voiturier à raison du contrat de transport pour toute autre cause telle
que retard, détaxe, sont soumises au droit commun,
c'est-à-dire qu'on peut toujours les exercer tant qu'elles
ne sont pas prescrites.

SECTION PREMIÈRE. — ACTION POUR AVARIES.

En ce qui concerne les actions pour avaries, l'ancien
article 105 s'appliquait sans distinction aux actions pour
avaries apparentes et aux actions pour avaries occultes.

Le texte de la loi, en effet, n'établissait aucune distinc=
tion ; mais cependant la jurisprudence, par des motifs
d'équité, avait fréquemment refusé d'appliquer l'ancien

article 105 au cas d'avarie non apparente, et la Cour de
cassation, par de nombreux arrêts, avait dû réformer
des jugements rendus dans ce sens (1).

Lors de l'enquête qui précéda la nouvelle loi, on prcposa de ne donner au destinataire un délai de trois jours
pour vérifier les marchandises que dans le cas d'avaries
occultes, les actions pour avaries apparentes restant
soumisès à la fin de non-recevoir immédiate de l'ancien
article 105. Cette distinction, qui n'a pas passé dans la
nouvelle loi, avait été proposée par la Cour de cassation,
plusieurs Cours d'appel, et la moitié environ des Facultés de droit, notamment par la Faculté de Paris (2).

Elle aurait eu un double avantage. D'abord elle aurait
simplifié les recours entre voituriers ; en effet les avaries occultes, les seules pour lesquelles le destinataire
aurait pu réclamer dans les trois jours, sont toujours
en principe, d'après la jurisprudence, à la charge du
voiturier primitif.

Ensuite elle aurait obligé le destinataire à conserver
l'emballage des colis, ce qui aurait été assez équitable,
car, du moment que le voiturier est rendu responsable
de plein droit de l'avarie dès qu'il aura été constaté
qu'elle existait au moment de la réception, il n'est que
juste de lui permettre de dégager sa responsabilité en
prouvant que l'emballage était défectueux. Or si le des-

(1) Cass., 9 mars 1870, S. 70, 1, 271 ; 4 février 1874, S. 74, 1, 167 ; 25 août
1873, S. 74, I, 277 ; 4 février 1880, S. 80, 1, 275.
(2) Rapport de M. Michel au nom de la Faculté de Paris, p. 2.

tinataire était resté exposé à la fin de non-recevoir immédiate pour les avaries extérieures, il aurait toujours conservé l'emballage, de crainte que le voiturier ne prétendît dans tous les cas que l'avarie était extérieure. Au lieu de cela, le destinataire n'étant pas intéressé à conserver l'enveloppe des colis, la détruira presque toujours, et la responsabilité des avaries dues à des défauts d'emballage retombera ainsi sur le voiturier qui sera dans l'impossibilité de s'en dégager.

Les partisans de la distinction entre les avaries apparentes et les avaries occultes ajoutent qu'elle n'est pas nouvelle, et que la jurisprudence en fait continuellement l'application pour déterminer, en cas de pluralité de voituriers, celui qui doit être responsable de l'avarie. N'y a-t-il pas lieu enfin de présumer que le destinataire renonce complètement à son droit lorsqu'il reçoit la marchandise et paye le prix du transport malgré des avaries apparentes ?

Ces considérations, quelque sérieuses qu'elles puissent paraître, n'ont pas prévalu, et la loi nouvelle accorde le délai de protestation pour toute espèce d'avaries, qu'elles soient apparentes ou cachées. « Nous approuvons pleinement, nous dit M. Lyon-Caen (1), le législateur de 1888 d'avoir écarté toute distinction. En matière de transport spécialement, il faut éviter les dispositions légales compliquées pouvant faire naître des difficultés. Il en serait ainsi d'une disposition appliquant des règles

____

(1) *Le Droit*, article du 9 décembre 1888, n° 9.

différentes aux avaries apparentes et aux avaries non apparentes. Avec elle on ouvrirait la porte aux procès relatifs à la détermination de la nature des avaries ; il n'est pas aisé de décider si une avarie a l'un ou l'autre de ces caractères ».

SECTION II. — ACTION POUR PERTES.

En ce qui touche les actions pour pertes maintenant, la jurisprudence avait hésité à appliquer l'ancien article 105 ainsi que les articles 435 et 436 qui établissent la fin de non-recevoir en matière de transports maritimes, non pas évidemment dans l'hypothèse d'une perte totale, mais dans le cas de perte partielle. La déchéance établie par ces articles, disait-on, étant fondée sur la réception des marchandises, il ne peut pas être question de réception lorsque le voiturier ne représente pas une partie des objets transportés.

Mais la Cour de cassation (1) avait repoussé cette solution et appliqué la fin de non-recevoir des articles 435 et 436 et de l'ancien article 105 à l'action pour perte partielle ; aujourd'hui le nouvel article 105 s'y applique formellement comme à l'action pour avaries.

SECTION III. — ACTION EN DÉTAXE.

Relativement aux actions en détaxe, des difficultés s'étaient également élevées sous l'empire de l'ancien

(1) Cass., 2 et 3 juillet 1877, S. 78, 1, 455.

article 105. On avait prétendu refuser au voiturier le
bénéfice de l'ancien article 105 contre toutes les actions
en détaxe, sous prétexte que cet article n'est pas opposable aux actions en répétition de l'indû, alors que justement ce texte faisait présumer que le voiturier a bien
reçu ce qui lui était dû.

Mais la Cour de cassation avait fait justice de cette
prétention et avait appliqué l'ancien article 105 aux
actions en détaxe, sauf les deux exceptions suivantes : la
première, quand l'action en détaxe avait pour objet de
redresser une erreur matérielle de calcul, car la ratification du destinataire ne couvre pas une pareille erreur
qui doit toujours être réparée (art. 2058, C. civil et 541,
C. procédure) ; la seconde, quand la demande en détaxe
était fondée sur une erreur de tarification : par exemple
la Compagnie avait taxé et le destinataire avait payé
*suivant un tarif légalement inapplicable à la nature de la
marchandise transportée*, inapplicable quelle qu'ait pû être
la convention des parties. Les tarifs étant des lois d'ordre public, il ne pouvait être question, en pareil cas, de
ratification par le destinataire, ni par suite de fin de non-
recevoir contre son action ou celle de l'expéditeur.

La loi nouvelle a fait disparaître cette distinction en
supprimant complètement la fin de non-recevoir pour
toutes les actions en détaxe.

Pour justifier cette innovation on a donné plusieurs
raisons. On a fait remarquer la singularité apparente
de la distinction admise par la jurisprudence sous l'an-

cienne loi ; lorsque l'action en détaxe se fondait sur une simple erreur de calcul ou de tarification, erreur qui peut être commise par l'homme le plus diligent, le voiturier ne voyait cesser sa responsabilité qu'au bout de trente ans ; au contraire lorsque l'action en détaxe avait pour cause une faute du voiturier, telle qu'un accroissement de taxe kilométrique dû à une fausse direction ou l'application intempestive d'un tarif trop onéreux, la responsabilité du voiturier s'éteignait par la réception des marchandises et le paiement du prix. Nous avons donné plus haut le motif de la distinction faite par la jurisprudence ; une faute, même grave, peut être couverte par la ratification des parties ; une erreur même légère ne le peut pas lorsqu'elle a pour conséquence la violation d'une loi d'ordre public ; la critique de la jurisprudence de la Cour de cassation n'est donc pas fondée.

On a observé ensuite que sous l'empire de l'ancien article 105, l'action en détaxe du destinataire était, sauf les exceptions signalées, soumise à une fin de non-recevoir immédiate, tandis que l'action en surtaxe des Compagnies durait trente ans. Il faut répondre que les actions en surtaxe des Compagnies, fondées sur le caractère strictement obligatoire des tarifs, correspondaient justement à celles des actions en détaxe qui étaient soustraites à la déchéance. L'inégalité de situation à ce point de vue entre les Compagnies et les destinataires et expéditeurs n'était donc qu'apparente.

Enfin le dernier motif qu'on a donné pour soustraire

les actions en détaxe à une fin de non-recevoir immédiate, c'est la difficulté de vérifier immédiatement, avant
de payer le prix, si le voiturier n'a pas commis de faute
dans l'exécution du transport ou d'erreur sur les conditions mêmes du transport. C'est là la principale raison
qu'on puisse invoquer en faveur de la réforme que la
nouvelle loi a opérée relativement aux actions en détaxe.
Il est en effet difficile d'exiger qu'un destinataire, au moment où il reçoit des marchandises et avant de payer
le prix, fasse des calculs compliqués pour savoir si les
colis ont suivi l'itinéraire qu'ils devaient suivre et si
le voiturier a bien appliqué le tarif qui devait être appliqué. Seulement ces calculs peuvent être faits à l'avance
à l'aide des tarifs et des plans publiés par les Compagnies,
de manière qu'en examinant le récépissé on puisse
constater immédiatement s'il y a lieu de réclamer contre
le voiturier.

Quoi qu'il en soit, le nouvel article 105 ne s'applique
pas aux actions en détaxe, de sorte que ces actions ne
sont plus soumises qu'à la prescription que nous étudierons avec l'article 108.

SECTION IV. — ACTION POUR RETARD.

En dernier lieu le nouvel article 105 ne s'applique pas
non plus aux actions pour cause de retard. La raison en
est la même que pour les actions en détaxe. On peut toujours constater un retard, un trop-perçu, même après

la réception de la marchandise et le paiement du prix ; il serait donc rigoureux d'exiger du destinataire qu'il formulât à ce sujet une réclamation immédiate dont les éléments ne peuvent lui être fournis que par un travail assez compliqué.

On peut objecter que, si le fait même du retard se prouve aisément longtemps après qu'il s'est produit, on ne peut pas en dire autant du préjudice qui en est résulté pour le destinataire ni des circonstances accessoires qui peuvent l'expliquer ou l'excuser ; or le destinataire ne réussira dans sa réclamation qu'en faisant la preuve du dommage qu'il a éprouvé par suite du retard ; de plus nous dirons plus loin que, s'il s'est produit un cas de force majeure, la responsabilité du voiturier disparaît ; à ces deux points de vue il y aura donc une preuve plus difficile à faire après l'écoulement d'un certain laps de temps. Ajoutons que le destinataire est lésé par le retard seulement lorsqu'il a besoin de ses marchandises à jour fixe et qu'alors il a dû s'informer à l'avance du délai dans lequel le voiturier est obligé de lui livrer l'objet transporté ; il n'est donc pas pris au dépourvu le jour de la livraison. S'il exécute alors ses obligations en payant le prix du transport et en acceptant les marchandises, cette exécution ne fait-elle pas présumer que le transporteur a également rempli les siennes et n'est-il pas juste de répondre par une fin de non-recevoir à la réclamation du destinataire. Enfin l'expéditeur a le droit, en vertu du cahier des charges, de faire indiquer sur le récépissé le délai dans lequel le transport devra être effectué, ce qui permet au destinataire de voir du premier coup d'œil si le délai a été outrepassé par la Compagnie. Ce n'est donc que dans le cas où l'expéditeur n'aurait pas usé du droit que lui donne le cahier des charges que la vérification des délais de transport présenterait de la difficulté.

On fait à ce raisonnement la réponse suivante (1) : « Quand même le destinataire sait à n'en pas douter que les délais du transport ont été dépassés, on ne peut le soumettre à la nécessité d'aggraver, par son refus de prendre livraison, le préjudice que lui cause déjà le retard. Et cependant le droit reconnu aux Compagnies de ne pas accepter de réserves le placerait dans cette alternative, ou de refuser, malgré le besoin qu'il a des marchandises, la livraison tardivement offerte, ou de renoncer, par le paiement du prix du transport, à tout recours ultérieur ».

La précédente alternative serait effectivement fort rigoureuse pour le destinataire ; mais il reste à savoir si l'ancien article 105 la lui imposait véritablement. Il est difficile de croire que les Compagnies se soient toujours refusées à accepter des réserves pour cause de retard, car elles se seraient exposées ainsi à des laissés pour compte dont les conséquences auraient été plus

---

(1) *Revue de jurisprudence commerciale et maritime de Nantes*, année 1881, page 20. Étude publiée par M. Éon, professeur à la Faculté de Rennes.

graves que la réception des colis accompagnée de réserves pour cause de retard. Le retard, en effet, est un fait qui existe ou qui n'existe pas ; s'il n'existe pas, le destinataire aura vainement fait des réserves et succombera dans sa réclamation ; au contraire, s'il existe, la Compagnie a tout avantage à être déchargée des marchandises, même sous réserve du retard que le destinataire devra prouver dans tous les cas, car alors la Compagnie n'aura qu'à réparer le préjudice résultant du retard, tandis qu'autrement elle aurait en outre à réparer le préjudice causé par le laissé pour compte.

Ces considérations n'ont pas paru suffisantes aux législateurs de 1881 pour conserver la déchéance de l'ancien article 105 dans le cas de retard. Dans toute cette matière, ils ont été dirigés par la pensée de ne laisser subsister la fin de non-recevoir que dans les hypothèses où les difficultés de preuve la rendaient indispensable ; il semble cependant qu'on aurait peut-être pu la maintenir, alors surtout que le délai de trois jours accordé au destinataire par la nouvelle loi lui donnait le moyen de conserver son droit au moyen d'une protestation.

CHAPITRE III

DES PERSONNES QUI PEUVENT INVOQUER LA DÉCHÉANCE
DE L'ARTICLE 105
ET DE CELLES AUXQUELLES ON PEUT L'OPPOSER.

L'article 105 porte que « la réception des objets transportés et le paiement du prix éteignent toute action contre le voiturier, si dans les trois jours, etc. ». La question s'est élevée de savoir à quelles personnes s'applique l'expression de voiturier ; est-ce à toute personne qui se charge d'un transport ou seulement à celle qui en fait sa profession habituelle ?

Nous pensons que l'article 105 n'a visé que les voituriers de profession ; en effet, la responsabilité du voiturier fait, sans doute, l'objet de dispositions qui se rencontrent à la fois dans le Code civil (articles 1782 et suivants) et dans le Code de commerce ; mais les conditions de la déchéance qui nous occupe ne sont indiquées que dans le Code de commerce. Nous en concluons que cette disposition, *créée dans un intérêt exclusivement commercial*, ne peut être invoquée par une personne qu'à propos d'un acte qui a pour elle le caractère commercial, c'est-à-dire que le contrat de transport doit avoir le caractère commercial du côté de celui qui s'est chargé du transport. L'article 105 serait donc inapplicable à l'hypothèse d'un transport isolé effectué par un commerçant n'exerçant pas la profession de voiturier pour le compte d'un autre commerçant.

L'article 105 peut être invoqué par le commissionnaire de transports aussi bien que par le voiturier, quoique la loi ne mentionne expressément que ce dernier ; il faut donc entendre par voiturier tout entrepreneur de transports sans distinction, parce que le législateur a eu pour but de protéger l'industrie de toute personne qui fait un acte de commerce en se chargeant d'un transport. Enfin il est de toute évidence que, lorsqu'un transport aura nécessité le concours de plusieurs voituriers successifs, le bénéfice de l'article 105 leur sera acquis à tous dès que les conditions voulues auront été remplies.

A quelles personnes le voiturier peut-il opposer la déchéance de l'article 105 ? Au destinataire et aussi à l'expéditeur, ou à leurs mandataires, sans distinguer s'ils sont ou non commerçants. Nous pensons donc que le tribunal de première instance a faussement interprété l'article 105 (1) en déclarant que cet article était inapplicable à un transport exécuté pour le compte d'un non-commerçant, parce qu'il fallait que l'expédition fût faite de *marchand à marchand* pour permettre au voiturier d'invoquer la déchéance. Cette doctrine qui ne se fonde sur aucun texte doit être repoussée. Dans le silence de l'article 105 sur ce point, n'est-il pas évident, quelle

(1) Arrêt du 27 août 1847, Dalloz, 47, 2, 200.

que soit la qualité du demandeur, qu'il y a toujours la
même raison de protéger le voiturier en interprétant de
la même façon des circonstances identiques? La théorie
du tribunal de première instance, que la Cour de Paris a
du reste repoussée, ferait naître pour le voiturier un intérêt puissant à s'informer avant le transport de la profession du destinataire et de l'expéditeur, de façon à se
ménager le bénéfice de l'article 105 par des stipulations
expresses contre les non-commerçants.

Bien que l'expéditeur n'ait pas personnellement reçu
la marchandise et payé le prix, la fin de non-recevoir
tirée de l'article 105 pourrait lui être opposée parce qu'il
a été représenté par le destinataire auquel il a implicitement cédé tous ses droits contre le voiturier; il est
donc juste qu'il soit déchu lorsque le destinataire n'a
pas protesté dans les trois jours.

En résumé, on peut établir que le voiturier peut opposer la fin de non-recevoir de l'article 105 à toute personne qui invoquerait contre lui le contrat de transport.

CHAPITRE IV

DES CAS OU LE VOITURIER NE PEUT PAS INVOQUER LA

FIN DE NON-RECEVOIR.

Nous étudierons sous cette rubrique les diverses hypothèses qui suivent :

1° Protestation du destinataire ; 2° réserves ; 3° impossibilité de constater l'existence du dommage allégué ; 4° fraude ou infidélité du voiturier ; 5° renonciation et stipulations dérogatoires.

SECTION PREMIÈRE. — PROTESTATION DU DESTINATAIRE.

La première hypothèse dans laquelle le voiturier ne
peut pas invoquer la déchéance de l'article 105 est celle
où le destinataire, qui a reçu les objets transportés et
payé le prix de la voiture, proteste dans les formes déterminées par la nouvelle loi. Nous avons étudié plus
haut le délai de cette protestation ; nous n'y reviendrons
donc pas. Faisons remarquer qu'il n'est pas nécessaire
de recourir immédiatement à une expertise ; c'est ce qui
a été reconnu sans contestation au cours des travaux
préparatoires. Lorsqu'il y a lieu à expertise, la procé-

dure indiquée par l'article 106 continue à recevoir son application.

La protestation doit être motivée. Il est intéressant, en effet, pour le voiturier, de connaître d'une façon précise les griefs du destinataire afin de se mettre immédiatement en mesure d'y répondre. De plus, si le texte du nouvel article 105 n'avait pas exigé que la protestation du destinataire fût motivée, on se serait contenté de protestations conçues dans des termes vagues que le destinataire aurait adressées dans tous les cas au voiturier afin de sauvegarder ses droits à tout événement ; ces formules de protestation qui seraient devenues de style auraient indirectement complété la ruine de la fin de non-recevoir.

L'obligation pour le destinataire de motiver sa protestation conduit à la conséquence suivante : lorsqu'après l'expiration du délai de trois jours le destinataire aura découvert de nouveaux sujets de réclamation contre le voiturier, il ne pourra se prévaloir de la protestation qu'il a faite que pour les griefs qu'il y aura consignés et non pour ceux qu'il a découverts ensuite. Inutile de faire remarquer que tant que le délai de trois jours n'est pas achevé, le destinataire peut compléter sa première protestation au moyen d'autres protestations à mesure qu'il découvre de nouveaux sujets de plainte contre le voiturier.

Pour être efficace contre le voiturier, la protestation du destinataire doit lui avoir été notifiée. La loi prévoit deux sortes de notifications : la notification par acte extra-judiciaire et la notification par lettre recommandée.

§ 1. — *Protestation par acte extra-judiciaire.*

La protestation par acte extra-judiciaire a lieu par la remise d'un exploit d'huissier au voiturier ou à l'une des personnes que la loi autorise à recevoir l'exploit en son nom. Lorsque cette remise aura été opérée dans les délais prescrits par l'article 105, mais après l'heure légale fixée par l'article 1037 du Code de procédure ou pendant un jour férié, nous savons que d'après la jurisprudence elle produira encore son effet, et que la seule sanction sera une amende ou une peine disciplinaire pour l'huissier.

§ 2. — *Protestation par lettre recommandée.*

Quand la protestation a lieu par lettre recommandée, on rencontre des difficultés que nous allons examiner successivement.

La première difficulté est celle de savoir si la lettre recommandée n'a besoin que d'être simplement envoyée, ou s'il faut encore qu'elle soit parvenue dans les trois jours. Pour soutenir la seconde opinion, on s'appuie sur le texte même de l'article 105, qui exige une *notification par lettre recommandée. Notifier* veut dire porter à la connaissance de l'intéressé ce qui le concerne ; or le voiturier ne connaîtra la protestation du destinataire

que lorsque la lettre lui sera parvenue. Ne serait-il pas
d'ailleurs singulier de donner à l'expression *notifier* un
sens différent de celui qu'elle a lorsqu'il s'agit d'un
acte d'huissier lequel, pour être considéré comme notifié, doit être parvenu réellement aux mains de l'intéressé ou de son représentant.

Cette interprétation est malheureusement en opposition avec les travaux préparatoires. Dans son rapport
déposé le 21 octobre 1886, M. Gaillard nous dit en effet
ce qui suit : « Votre commission a pensé que, tout en
laissant le choix à l'intéressé, elle pouvait admettre soit
la notification par acte extra-judiciaire, soit la notification par lettre recommandée, *étant bien entendu que
c'est le timbre du bureau de départ qui donnera date certaine à la protestation* ».

Au Sénat, le rapporteur de la loi, M. Demôle, a fait
une réponse dans le même sens à un sénateur, M. Clément, qui demandait s'il était suffisant que la lettre
recommandée fût *envoyée* le dernier jour du délai ou
s'il fallait encore qu'elle fût *remise* le même jour au voiturier : « Je réponds, dit M. Demôle, que c'est la date
de l'envoi de la lettre qu'il faut prendre en considération, et que, s'il est établi par le récépissé de la poste
que la lettre est partie dans les trois jours qui auront
suivi le jour de la réception et du payement, le destinataire aura pleinement satisfait à son obligation ». A
cette réponse aucun sénateur ne fit d'objection. A la vérité M. Loubet, ministre des travaux publics, demanda

à faire des réserves qu'il promit de formuler lors de la seconde lecture ; mais ces réserves visaient exclusivement l'hypothèse où la lettre recommandée ne serait pas arrivée aux mains du voiturier, ce qui supposait bien que M. Loubet acceptait le principe posé par M. Demôle pour le cas où la lettre serait arrivée à destination. Enfin, lorsqu'arriva la deuxième délibération au Sénat, M. Loubet, bien que présent à la séance, ne formula pas ses réserves, de sorte qu'on peut dire que, pour le cas au moins où la lettre recommandée est parvenue aux mains du voiturier, l'intention manifeste du législateur est de n'exiger du destinataire que la simple mise à la poste dans les trois jours de la lettre recommandée.

Cette première difficulté, que le législateur aurait pu facilement éviter, n'est pas la seule à laquelle donne lieu la notification par lettre recommandée. Il en est d'autres qui ne sont plus simplement des difficultés d'interprétation, mais qui sont inhérentes à l'emploi même de la lettre recommandée.

Ces difficultés sont des difficultés de preuve. Le destinataire, en effet, qui veut prouver l'envoi de la lettre recommandée, produit un récépissé de la poste. « Or, nous dit M. Duverdy (1), sur ces reçus on ne trouve même pas le nom de l'expéditeur de la lettre ; ils ne contiennent que quelques traits de plume, qui ne représentent ni des lettres, ni des chiffres. Ce sont, à propre-

____

(1) *Gazette des Tribunaux*, 1er avril 1881.

ment parler, des hiéroglyphes que ceux dont ils émanent seraient le plus souvent dans l'impossibilité d'expliquer. Il n'y a qu'une chose qui y soit à peu près visible, c'est le timbre du bureau de poste ; encore arrive-t-il fréquemment que ce timbre est mal appliqué ou qu'il est brouillé, et parfois il est impossible de lire la date du jour ou de l'année ». Le récépissé de la poste ne prouve donc qu'une chose ; c'est qu'une lettre a été expédiée au voiturier tel jour, de tel bureau ; mais il ne fait pas foi naturellement du contenu de la lettre ni de son arrivée à destination.

En ce qui concerne la preuve de l'arrivée à destination de la lettre recommandée, on en trouvera un élément certain dans le récépissé que la poste a dû exiger du voiturier en lui remettant la lettre. Si ce récépissé fait défaut, c'est que la lettre a été perdue par la poste et n'est pas parvenue au voiturier ; alors s'élèvera la question de savoir qui devra supporter les conséquences de cette perte ?

Il semble bien que ce soit au destinataire à prouver que la lettre est arrivée à destination et par conséquent c'est lui qui supporterait les suites de l'absence de cette preuve ; c'est probablement ce que M. Loubet voulait exprimer en faisant des réserves auxquelles il n'a pas donné suite. Si en effet la protestation avait eu lieu par acte extra-judiciaire, les nullités dont cet acte serait entaché et qui seraient de nature à en paralyser les effets, seraient directement opposables au destinataire par le voiturier, quand même ces nullités seraient le résultat d'une négligence de l'huissier : pourquoi n'en serait-il pas de même lorsque la lettre recommandée que la loi assimile à l'acte extra-judiciaire n'est pas arrivée par suite d'une faute des agents de la poste ? Ne semble-t-il pas que le destinataire aurait seulement dans cette hypothèse un recours contre l'administration des postes, comme il aurait uniquement dans l'autre cas un recours contre l'huissier ? Enfin peut-on dire que la protestation du destinataire ait été notifiée au voiturier, ainsi que l'exige la loi, lorsqu'elle ne lui est jamais parvenue ?

Cette opinion est cependant combattue par M. Féraud-Giraud (1) : « Il me paraît, nous dit-il, qu'il suffira que celui qui proteste justifie par le récépissé d'envoi qu'il a satisfait au vœu de la loi, et partant qu'aucune irrégularité relevée ne lui est imputable ; les irrégularités du service des postes, dont l'irresponsabilité paraît admise et sur lequel celui qui proteste n'a pas d'actions, ne sauraient préjudicier à l'exercice de droits légalement dénoncés ». Cette doctrine de M. Féraud-Giraud ne nous paraît pas cependant convaincante ; quand même l'administration des postes serait irresponsable, nous ne voyons pas comment le destinataire serait dispensé par là de notifier sa protestation au voiturier ; est-ce que d'ailleurs, dans l'hypothèse où il aurait usé de la notification par un acte extra-judiciaire et où cet acte ne serait pas parvenu aux mains du voiturier à cause d'une

---

(1) Féraud-Giraud, *Code des transports*, 2e édition, n° 927 C, *in fine*.

négligence de l'huissier, les conséquences de cette négligence ne seraient-elles pas à la charge du protestataire, lors même qu'il n'aurait aucun recours contre l'huissier par suite d'une circonstance quelconque?

Reste la preuve du contenu de la lettre recommandée. Il est évident que c'est au destinataire à démontrer que la lettre qu'il a mise à la poste dans le délai légal et qui est parvenue à destination renfermait bien une protestation visant les faits dont il se plaint. Comment fera-t-il cette preuve? Il devra d'abord démontrer au moyen des états de la poste que le voiturier a bien reçu une lettre recommandée à la date voulue ; le voiturier sera alors mis en demeure de représenter la lettre, et nous savons qu'il ne peut se soustraire à cette obligation imposée à tout commerçant à peine de voir le serment déféré au destinataire (art. 17, C. de comm.). Si le destinataire conteste l'identité de la lettre représentée par le voiturier, la preuve qui lui incombe deviendra fort difficile ; s'il est commerçant, il produira son livre de copies de lettres, mais, s'il ne l'est pas, il ne peut plus compter que sur les circonstances de fait particulières à la cause que le juge commercial pourra prendre en considération afin d'apprécier la sincérité de la production du voiturier.

Malgré toute l'élasticité de la preuve commerciale, le destinataire rencontrera donc de grandes difficultés dans la protestation par lettre recommandée. Ce sont ces difficultés que nous venons d'examiner qui faisaient

écrire à M. Duverdy, au mois d'avril 1881 (1), les lignes
suivantes :

« Ce qu'il faudrait bien se garder de faire ce serait de
permettre au destinataire de formuler des protestations
ou des réclamations par lettre chargée ou recommandée.
Il existe, depuis quelques années, une très fâcheuse ten-
dance à admettre que des lettres chargées ou recom-
mandées peuvent remplacer les significations par ministère d'huissier ».

Nous approuvons pleinement cette conclusion ; nous
croyons que l'économie d'un acte d'huissier réalisée par
la lettre recommandée n'est qu'apparente et ne compense pas les inconvénients de ce mode de protestation.
Avec les moyens de communication actuels il est impossible que le destinataire, même habitant une campagne
reculée, n'arrive pas à faire notifier dans les 3 jours un
acte extra-judiciaire au voiturier. Il y aurait donc eu lieu,
suivant nous, de s'en tenir à la protestation par acte
d'huissier ; du reste nous croyons que les négociants,
toujours soucieux de leurs intérêts, ne tarderont pas à
s'apercevoir des inconvénients de la lettre recommandée et que la pratique corrigera ainsi cette imperfection
de la nouvelle loi.

SECTION II. — RÉSERVES DU DESTINATAIRE.

La fin de non-recevoir de l'article 105 est fondée, comme
nous le savons, sur cette présomption que le destinataire,

(1) *Gazette des Tribunaux*, 1er avril 1881.

en payant le prix du transport et en prenant possession
des marchandises, est satisfait de leur état. Cette présomption s'efface lorsque la réception des marchandises
est soumise à une condition formulée par le destinataire
et acceptée par le voiturier, ce qui se présente lorsque le
destinataire a fait des réserves tout en prenant livraison.

§ 1. — *Réserves expresses.*

Avant la nouvelle loi on admettait que les réserves du
destinataire acceptées par le voiturier rendaient inapplicable au destinataire la déchéance de l'article 105.

Nous croyons qu'il en est encore de même aujourd'hui.
En effet, malgré la faculté de protester dans les trois
jours accordée par la nouvelle loi, celui-ci a encore intérêt à faire accepter des réserves au voiturier, car ces
réserves lui serviront à prouver que l'avarie ou les manquants se sont produits antérieurement à la réception
de la marchandise.

D'autre part nous ne croyons pas que le nouvel article 105 limite d'une façon tellement rigoureuse les formes de la protestation que les parties ne puissent y suppléer par une autre manifestation indiquant, d'un côté,
une volonté nettement formulée, de l'autre, une connaissance complète et directe de cette volonté. Ainsi rien
n'empêche que le voiturier ne formule ses réserves sur
le registre d'émargement du voiturier, ou bien que celui-
ci les accepte dans la quittance du prix du transport ou
dans un autre acte séparé restant entre les mains du

destinataire. Seulement nous répéterons ici ce que nous avons dit à propos de la protestation : il faut que le destinataire motive ses réserves, parce qu'il est inadmissible qu'au moyen d'une réserve vague et indéterminée on puisse paralyser l'effet de l'article 105.

Du reste il sera fort rare que le voiturier accepte des réserves, car il n'y est pas obligé et elles ne produisent d'effet qu'autant qu'il y adhère ; il est donc fort probable que, s'il les accepte, c'est qu'il y a pour le destinataire des motifs très sérieux de protester. Si le voiturier refuse d'accepter les réserves, alors le destinataire peut, soit laisser les marchandises pour compte au voiturier, soit les accepter et protester ensuite dans les trois jours. Ce second parti impose naturellement au destinataire la preuve de l'antériorité de l'avarie ou de la perte partielle. Lorsqu'au contraire le destinataire refuse les marchandises, il est déchargé de la preuve précédente et il peut obtenir des dommages-intérêts pour le préjudice qu'il éprouve par suite de l'absence de ses marchandises ; l'état de celles-ci est alors vérifié par des experts nommés en justice et le séquestre peut en être ordonné (art. 106, C. de comm.).

§ 2. — Réserves tacites.

Remarquons en terminant qu'il se présentera des circonstances où le destinataire sera dispensé de formuler des réserves, parce qu'il aura entre les mains la preuve que le voiturier reconnaît l'avarie ou le manquant. Tel serait la reconnaissance d'un manquant sur la lettre de voiture elle-même, ou l'aveu spontané du voiturier constatant que la marchandise a éprouvé une détérioration au cours du voyage ; il y a là des faits qui équivalent à des réserves et qui suspendent l'application de l'article 105.

Cependant, si les parties, en reconnaissant une avarie, avaient reconnu en même temps qu'elle a été causée par le défaut de conditionnement de l'emballage, cette reconnaissance contredirait la réserve tacite résultant de la constatation de l'avarie et le voiturier pourrait opposer la fin de non-recevoir de l'article 105 à toute réclamation ultérieure, attendu que l'aveu du voiturier est indivisible.

SECTION III. — IMPOSSIBILITÉ DE CONSTATER L'EXISTENCE
DU DOMMAGE ALLÉGUÉ.

La présomption que le destinataire en recevant les marchandises et en payant le prix du transport, a renoncé à tout recours contre le voiturier, n'est admissible qu'à une condition : c'est que le destinataire ait eu la faculté de vérifier s'il avait un sujet de réclamation contre le transporteur.

Aussi la jurisprudence antérieure à la nouvelle loi écartait-elle l'application de l'article 105 lorsque le destinataire, avant de recevoir les marchandises et d'en payer le prix, avait été mis dans l'impossibilité de contrôler les conditions dans lesquelles s'était accompli le transport par suite d'un cas fortuit ou de force majeure, tel qu'un tumulte, une invasion ennemie, un encombrement subit d'une gare habituellement suffisante aux besoins locaux, ou par suite du fait du voiturier tel que la rédaction incomplète de la lettre de voiture, le refus des agents de la Compagnie d'assister à la vérification, l'encombrement de la gare résultant de son insuffisance pour les besoins locaux ou de la négligence des agents préposés aux livraisons en gare.

Il fallait naturellement que le destinataire fît la preuve de cette impossibilité de vérification ; elle ne pouvait résulter de la rapidité seule avec laquelle doivent se faire les opérations en gare, ni de l'allégation vague que les camionneurs du chemin de fer auraient l'habitude de s'opposer à la vérification des marchandises lors de la livraison à domicile.

La même question s'élève encore aujourd'hui, mais seulement au sujet des actions pour avaries ou pour pertes partielles, les seules désormais soumises à la fin de non-recevoir.

§ 1. — *Cas fortuit ou de force majeure.*

Supposons d'abord que l'impossibilité de constater l'avarie ou la partie partielle résulte d'un cas fortuit ou de force majeure. Si elle s'est produite au moment de la réception des marchandises et du paiement du prix, comme le destinataire a eu ensuite trois jours pour protester, nous pensons qu'il sera déchu s'il ne proteste pas dans le délai légal. Si c'est pendant la durée du délai de trois jours que la vérification de l'avarie ou du manquant est empêchée par suite d'un cas fortuit ou de force majeure, nous dirons avec M. Féraud-Giraud (1), que le délai ne courra pas ; il reprendra donc son cours aussitôt que la force majeure aura cessé et le destinataire sera déchu après son expiration s'il n'a pas protesté.

§ 2. — *Fait du voiturier.*

Supposons maintenant que l'impossibilité de vérifier le dommage allégué provienne du fait du voiturier. Nous avons dit que, sous l'empire de l'ancien article 105, le destinataire avait le droit d'exiger préalablement à la réception des marchandises et au paiement du prix une vérification préalable, à peine pour le voiturier de perdre le bénéfice de l'article 105. En sera-t-il de même aujourd'hui ?

Pour soutenir l'affirmative, on peut dire que la loi de 1888 a eu pour but de protéger le destinataire contre le voiturier; pour atteindre ce but elle lui a accordé un droit de protestation dans un certain délai, mais lui imposant l'obligation de rapporter la preuve de son allégation ; il serait singulier qu'elle lui eût enlevé le seul moyen de faire cette preuve difficile, c'est-à-dire le droit d'exiger une vérification des marchandises préalablement à leur

______

(1) Féraud-Giraud, *Code des transports*, tome 2, n° 921.

réception. On peut ajouter que, lors de la discussion au Sénat(1), M. Clément fit observer que, même sous l'empire du texte nouveau, le destinataire prudent, qui voudra assurer l'efficacité de son action, devra protester immédiatement, et M. Demôle rapporteur répondit qu'il n'y avait pas de doute possible sur l'exactitude de l'observation de M. Clément.

En faveur de la négative, on pourrait faire justement remarquer que le législateur de 1888, en donnant au destinataire un délai de trois jours pour protester, a eu pour but de supprimer la vérification préalable à la réception, vérification aussi gênante pour le voiturier que pour le destinataire et ne comportant par là même qu'un examen superficiel d'une efficacité douteuse. Ajoutons que l'ancien article 105 avait le mérite d'intéresser le voiturier lui-même à une vérification préalable et amiable puisque d'après la jurisprudence, il était tenu de la subir pour s'assurer le bénéfice de la fin de non-recevoir. Mais, aujourd'hui, sur **quoi** se fonderait-on pour lui imposer la gêne d'une opération qui ne profiterait qu'au destinataire? Le voiturier, au lieu d'une vérification amiable, exigera une vérification par experts dans les formes déterminées par l'article 106 et les frais de cette vérification retomberont à la charge du destinataire. Sans doute les travaux préparatoires semblent bien indiquer le maintien de l'ancienne vérification amiable, mais quelle sera la sanction, si le voiturier la

____
(1) Séance du 6 février 1888.

refuse? Suivant nous, comme le destinataire a encore trois jours pour examiner les marchandises, s'il ne proteste pas dans ce délai, le voiturier pourra lui opposer la déchéance.

Lorsque l'impossibilité de vérification provenant du fait du voiturier se sera produite après la réception et le paiement pendant le délai de trois jours, ce délai sera suspendu et reprendra son cours lorsqu'elle aura cessé; ainsi lorsque le destinataire n'aura pas pu constater un manquant par suite d'une omission involontaire qui se sera glissée dans la lettre de voiture, le délai de trois jours ne courra pas provisoirement, mais nous pensons qu'il reprendra son cours dès que le destinataire aura été mis à même de constater le manquant.

Section IV. — Fraude ou infidélité du voiturier.

Sous l'empire de l'ancien article 105, l'application de la fin de non-recevoir était écartée lorsque le voiturier s'était rendu coupable de fraude ou d'infidélité. Nous croyons qu'il doit en être de même aujourd'hui. Le silence du nouvel article 105 en ce qui concerne la fraude et l'infidélité du voiturier ne doit pas être interprété comme excluant ici l'application des principes de la fraude qui sont de droit commun; du reste l'article 108 les applique quand il s'agit de la prescription; il n'y a aucune raison pour n'en pas faire l'application à l'article 105.

§ 1. — *Fraude.*

La fraude consiste dans des manœuvres pratiquées par le voiturier à l'effet de faire accepter des colis avariés ou incomplets, manœuvres sans lesquelles le destinataire n'aurait évidemment pas reçu les marchandises sans protester ou sans faire de réserves. On conçoit que la renonciation du destinataire à faire valoir son droit à une indemnité, renonciation qui est le fondement de la présomption sur laquelle est basé l'article 105, soit considérée comme sans valeur, lorsqu'elle a été surprise au destinataire par le dol du voiturier.

Il est évident que c'est le destinataire qui devra prouver la fraude du voiturier ; on a même soutenu que le destinataire ne devra pas se borner, comme autrefois, à prouver qu'il y a eu fraude au moment de la réception, mais qu'il devra encore démontrer qu'il est resté sous l'empire de l'erreur qu'avait fait naître chez lui cette fraude jusqu'après l'expiration du délai de trois jours ; autrement, s'il avait connu la vérité en temps utile pour protester et qu'il ne l'eût pas fait, la déchéance lui serait applicable. Nous ne croyons pas qu'il faille imposer une telle preuve au destinataire ; nous pensons au contraire que la fraude du voiturier étant démontrée par le destinataire, ce serait au voiturier à prouver que cette fraude n'a pas maintenu le destinataire sous l'empire de l'erreur pendant les trois jours du délai pour protester ; encore préférerions-nous dire que la fraude du voiturier lui retire absolument le bénéfice de l'article 105, parce qu'il est juste qu'il porte la peine de sa mauvaise foi.

Il n'est pas nécessaire que la fraude soit le fait direct du voiturier. Si elle a été commise par ses employés ou par un voiturier qu'il s'est substitué, il sera responsable (art. 1384 et 1994 du Code civil) et ne pourra pas invoquer la déchéance de l'article 105. En conséquence le destinataire pourra toujours, tant que son action n'est pas prescrite, demander la réparation d'une fraude commise par une Compagnie de chemins de fer qui a joué le rôle de voiturier intermédiaire ou par un camionneur de la Compagnie, ou bien par un camionneur sous-traitant.

Quels seront maintenant les faits auxquels on pourra attribuer le caractère frauduleux ? Il y aura là une appréciation fort délicate à formuler pour les juges. Dans certains cas on trouvera des manœuvres caractéristiques dont le caractère dolosif ne sera pas douteux. Telle est l'hypothèse où le voiturier, transportant des barriques de vin et ayant constaté un coulage provenant de sa faute, l'aurait dissimulé par l'introduction d'une certaine quantité d'eau. Ici la fraude, si le fait qui la constitue est prouvé, est manifeste. Mais la simple réticence du voiturier, qui se borne à ne pas signaler au destinataire l'avarie ou le manquant, est-elle frauduleuse ? C'est une question de fait. En principe on ne peut pas obliger le voiturier à signaler au destinataire l'avarie ou le manquant; M. Féraud-Giraud (1) nous dit que, pour attribuer de telles conséquences au fait du voiturier, il ne suffit pas d'un simple silence de sa part ; il faudrait une dissimulation calculée, accompagnée tout au moins de procédés, sinon de manœuvres propres à induire en erreur le destinataire.

§ 2. — Infidélité.

L'article 105 garde également le silence au cas d'infidélité du voiturier. L'infidélité est bien plus grave que la fraude ; c'est le détournement, par le voiturier, d'une partie des objets transportés. Dans ces circonstances, le voiturier ne pourra pas invoquer la déchéance de l'article 105. Cependant cette déchéance est applicable au cas de perte partielle ; mais il faut que cette perte provienne d'une simple faute contractuelle, et non d'une soustraction délictueuse. Dans le cas d'infidélité, l'action du destinataire naît d'un délit et non pas du contrat de transport. Or l'article 105 ne vise que les actions nées de ce contrat (2). La fin de non-recevoir tirée de cette disposition ne pourra donc pas être invoquée par le voiturier lorsque le destinataire offrira de prouver que les manquants ont pour cause un vol commis par le voiturier.

Il en sera de même lorsque l'infidélité aura été commise, non par le voiturier en personne, mais par un de

____

(1) Féraud-Giraud, *Code des transports*, n° 929.

(2) Lyon-Caen et Renault, *Précis de Droit commercial*, tome 1er, page 487, n° 920.

ses agents ou préposés. C'est l'application de l'article 1384 du Code civil, que nous trouvons consacrée dans un arrêt de la Cour de cassation du 26 avril 1859 (1). Mais lorsque l'infidélité aura été commise par un voiturier intermédiaire, le destinataire pourra-t-il en demander compte au commissionnaire ou au voiturier chargeur ? Autrement dit le voiturier intermédiaire peut-il être considéré comme un préposé du voiturier précédent ou du commissionnaire ?

Il nous paraît difficile de lui attribuer cette qualité. Sans doute le commissionnaire et les voituriers précédents ont pris l'engagement de faire arriver la marchandise en bon état aux mains du destinataire, c'est-à-dire qu'ils sont tenus de toutes les obligations nées du contrat de transport, en quelques mains que la marchandise soit passée pendant le trajet, mais le contrat de transport n'emporte pas obligation de remettre la marchandise à un voiturier qui ne se rendra pas coupable de détournement.

Supposons que le voiturier se rende coupable dans l'exercice de ses fonctions d'un délit d'une autre nature que le détournement, tel que le délit de blessure ou d'attentat à la vie du destinataire à la suite d'une dispute motivée par l'état de la marchandise lors de la livraison ; pourrait-on soutenir que les voituriers antérieurs et le commissionnaire en sont responsables ? Le dernier voiturier n'est donc pas leur agent et il est

(1) Dalloz, 59, 1, 181.

seul responsable du détournement qui lui est imputé, délit qui est complètement indépendant du contrat de transport ; l'article 1384 du Code civil est donc ici absolument inapplicable.

Il en serait autrement si le dernier voiturier coupable de détournement avait accompli en même temps des manœuvres frauduleuses qui auraient déterminé la réception de la marchandise et le paiement du prix ; dans ce cas, en outre du délit de détournement, il y a une fraude dont le voiturier chargeur peut être rendu responsable en vertu du contrat de transport sans pouvoir opposer la déchéance de l'article 105.

SECTION V. — RENONCIATION ET STIPULATIONS CONTRAIRES
A L'ARTICLE 105.

Le voiturier peut-il renoncer au bénéfice de la fin de non-recevoir avant qu'il lui soit acquis, soit dans la lettre de voiture, soit par acte séparé avant l'expiration du délai de trois jours ? A ce sujet, la disposition du nouvel article 105 est formelle : « Toutes stipulations contraires sont nulles et de nul effet ». Dans le projet du Gouvernement, c'est à la suite de l'article 108 qu'elle avait été placée. Mais le Sénat l'a reportée à la fin de l'article 105, en observant avec raison que l'article 2220 du Code civil défendait déjà de renoncer d'avance à la prescription.

Remarquons que la nullité dont le législateur frappe

les stipulations contraires à l'article 105 est absolue ;
sont soumises à cette sanction toutes les stipulations
par lesquelles le voiturier renoncerait expressément ou
tacitement à la protection que la loi lui accorde et toutes
celles par lesquelles le destinataire renoncerait au bénéfice du délai de trois jours ou en modifierait la durée.
La disposition qui prohibe toute stipulation contraire à
l'article 105 est donc d'ordre public ; le législateur a
voulu par là appliquer expressément à la fin de non-
recevoir de l'article 105 le principe général de l'article 2220 du Code civil, application que faisaient déjà la
plupart des auteurs avant la réforme de l'article 105.

La prohibition des stipulations contraires à l'article 105 ne s'applique pas aux transports internationaux
auxquels nous consacrerons un chapitre spécial. Elle ne
s'applique pas non plus aux renonciations que le voiturier ferait après avoir acquis le bénéfice de la fin de
non-recevoir, c'est-à-dire après l'expiration du délai de
trois jours. Sans doute la disposition de l'article 105 a
été créée dans un intérêt d'ordre public, mais la renonciation à un droit acquis n'est pas contraire à l'ordre
public.

Le voiturier doit donc pouvoir renoncer après le
délai de trois jours au bénéfice de la fin de non-recevoir,
tout comme on peut renoncer à une prescription ac-
quise. Mais s'il veut l'invoquer, à quel moment de l'instance doit-il le faire ? La déchéance de l'article 105
constitue-t-elle une exception proprement dite devant

être opposée *in limine litis*, ou bien a-t-elle le caractère d'un véritable moyen de défense, susceptible d'être invoqué pendant tout le cours du procès et même en appel, dans le cas où on aurait négligé de l'invoquer en première instance, pourvu que rien, dans le débat en première instance, ne révèle que le voiturier ait entendu y renoncer?

Nous pensons que c'est un véritable moyen de défense. La déchéance de l'article 105 ne figure pas en effet parmi les exceptions proprement dites ; aucun texte ne lui donne cette qualification et aucune disposition n'implique l'obligation de la présenter *in limine litis*. On doit donc la considérer comme une défense au fond analogue à la prescription ; le voiturier y trouvera donc un véritable moyen de libération, mais, pour que la libération s'opère, il faudra que la fin de non-recevoir soit opposée ; en conséquence le juge ne pourra pas la suppléer d'office, car le voiturier est libre, nous le répétons, de renoncer au bénéfice de l'article 105 une fois qu'il l'a acquis.

Il serait même censé y avoir renoncé implicitement si, après l'expiration du délai de trois jours, il entrait en pourparlers avec le destinataire au sujet de la réparation du préjudice, ou s'il lui faisait une offre d'indemnité. Mais le fait par le voiturier d'assister à l'expertise provoquée par le destinataire pour constater l'avarie ne constitue pas de sa part une renonciation au bénéfice de l'article 105 ; sa présence à l'expertise s'explique suffi-

samment par l'intérêt qu'il a à surveiller les détails de
cette opération pour pouvoir contredire au besoin les
allégations des experts.

En résumé, le voiturier peut opposer la déchéance de
l'article 105 en tout état de cause, à moins qu'il n'ait,
d'une façon expresse ou tacite, renoncé à l'invoquer
après en avoir acquis le bénéfice.

DEUXIÈME PARTIE

DES PRESCRIPTIONS ÉTABLIES
PAR L'ARTICLE 108

Lorsque le voiturier ne peut pas invoquer le bénéfice de l'article 105, il convient qu'il ne soit pas exposé pendant un temps indéfini à une demande d'indemnité de la part du destinataire ou de l'expéditeur.

L'ancien article 108 édictait une prescription assez courte dans deux cas particuliers, l'avarie et la perte des marchandises ; pour toutes les autres actions nées du contrat de transport, il n'y avait pas de prescription spéciale ; d'où il suit que la jurisprudence admettait la prescription de 30 ans et l'appliquait notamment en cas de retard.

Le nouvel article 108 embrasse toutes les actions quelconques susceptibles de résulter du contrat de transport et dirigées soit contre le voiturier, soit contre le destinataire ou l'expéditeur, et il admet des délais divers suivant la nature des actions, délais que nous étudierons en étudiant chacune des actions soumises à la prescription. Nous indiquerons seulement ici le point de départ des prescriptions de l'article 108. Voici comment s'exprime à ce sujet la nouvelle loi :

« Le délai de ces prescriptions est compté, dans le cas de perte totale, du jour où la remise de la marchandise aurait dû être effectuée, et, dans tous les autres cas, du jour où la marchandise aura été remise ou offerte au destinataire ».

On a fait remarquer (1) que cette disposition ainsi rédigée, conduisait à un résultat singulier dans l'hypothèse suivante : Supposons que le voiturier ait égaré les objets à transporter et qu'il se soit écoulé un an depuis le jour où elles auraient dû arriver à destination sans que l'expéditeur ou le destinataire aient intenté une action au sujet de cette perte. Le voiturier aura intérêt à ne pas faire les recherches nécessaires pour retrouver les colis égarés, car s'il les retrouvait et qu'il en opérât la livraison, le destinataire pourrait aussitôt le poursuivre pour retard, tandis que la prescription lui permettra de repousser l'action pour perte.

Ce résultat se produira sans doute bien rarement ; il est tout à fait invraisemblable que le destinataire ou l'expéditeur restent un an sans demander une indemnité au voiturier pour la perte des colis. Mais il était facile d'éviter cette conséquence en rédigeant ainsi l'article 105 : « Le délai de ces prescriptions est compté du jour ou la remise de la marchandise aura été effectuée

____

(1) Péronne, *Annales de Droit commercial*, tome 2, Doctrine, p. 134.

ou aurait dû l'être ». De cette façon, en plaçant le point de départ de l'action en dommages-intérêts pour cause de retard au jour où la livraison aurait dû être faite, le voiturier n'aurait plus eu à redouter de livrer des marchandises qu'il aurait retrouvées au bout de l'année.

Quoi qu'il en soit, ce n'est que dans le cas de perte totale qu'il y aura lieu de rechercher le jour où les objets transportés auraient dû être livrés. En général ce jour sera indiqué sur la lettre de voiture. Mais si la lettre de voiture est muette à ce sujet? est-il logique de soutenir, comme on l'a prétendu, que la prescription est suspendue parce qu'on ne peut en fixer le point de départ?

Remarquons tout d'abord qu'en ce qui concerne les transports par chemin de fer, la question ne peut pas se poser parce qu'on trouvera toujours dans le cahier des charges les éléments nécessaires pour fixer le délai dans lequel la marchandise doit être livrée. Mais, même en ce qui concerne les transports par terre autres que les transports par chemin de fer, nous ne croyons pas qu'on puisse suspendre le cours de la prescription parce que la lettre de voiture n'indique pas le délai dans lequel le transport devra être effectué.

Il arrive souvent qu'on insère dans la lettre de voiture la clause d'un délai moral ou moralement suffisant pour la livraison sans en déterminer autrement la durée. Cette clause a pour effet d'autoriser le juge à fixer équitablement le jour de la livraison en tenant compte de l'usage et des circonstances de fait. Nous croyons que cette clause doit être sous-entendue dans tout contrat de transport qui garde le silence sur le délai dans lequel les objets transportés doivent être rendus à destination. N'est-ce pas conforme à l'article 1156 du Code civil portant qu'on doit, dans les conventions, rechercher quelle a été la commune intention des parties contractantes? Or, dans l'espèce, les parties ne s'expliquant pas sur le délai d'exécution du transport, ont entendu que le transport aurait lieu dans un espace de temps moralement déterminé par les circonstances; il y a toujours une époque où le destinataire est en droit de réclamer la livraison des marchandises et ce droit ne peut pas être laissé à l'arbitraire du voiturier. C'est donc au juge qu'il appartient alors de fixer le point de départ de la prescription, et de ce jour les marchandises seront considérées comme arrivées.

Dans les circonstances exceptionnelles, en cas de guerre par exemple, les conditions de délais pour la livraison deviennent naturellement presque inapplicables. Alors la prescription est forcément suspendue ; on ne saurait en déterminer le point de départ d'après l'intention présumée des parties, vu l'impossibilité de fixer aucun délai.

Lorsque le transport aura été effectué par l'intermédiaire de plusieurs voituriers et qu'il n'y aura eu qu'un seul contrat de transport, le point de départ unique de la prescription sera le jour où les colis auront été livrés ou auront dû être livrés au destinataire définitif (1). C'est la conséquence de l'opinion que nous avons admise en vertu de laquelle la réception des marchandises n'a lieu, en cas de transport par plusieurs voituriers, que par leur livraison aux mains du destinataire désigné par le contrat de transport.

(1) Nous en exceptons la prescription des actions récursoires des voituriers les uns contre les autres qui fait l'objet d'une disposition spéciale de l'article 108 et qui sera étudiée plus loin.

CHAPITRE PREMIER

DES ACTIONS SOUMISES AUX PRESCRIPTIONS DE L'ARTICLE 108.

D'après les termes du nouvel article 108 les actions nées du contrat de transport sont soumises à trois prescriptions : celle d'un an, celle de cinq ans et celle d'un mois. Chacune de ces prescriptions fera l'objet d'une section spéciale.

SECTION PREMIÈRE. — DES ACTIONS SOUMISES A LA PRESCRIPTION D'UN AN.

Le nouvel article 108 débute en ces termes : « Les actions pour avaries, pertes ou retard, auxquelles peut donner lieu contre le voiturier le contrat de transport, sont prescrites dans le délai d'un an, sans préjudice des cas de fraude ou d'infidélité ».

Les actions soumises à la prescription d'un an sont donc au nombre de trois. — Chacune d'entre elles va être étudiée dans un paragraphe distinct.

§ 1. — *Action pour avaries.*

L'avarie pouvant et devant être constatée dans le délai de l'article 105, il est juste que le destinataire intente son action dans un bref délai. On a même observé que le délai d'un an était considérable et qu'on aurait pu le réduire à six mois, comme dans l'ancien article 108. La commission extra-parlementaire chargée de la préparation du projet de réforme des articles 105 et 108 avait senti la nécessité de réduire la durée des actions relatives au contrat de transport. Aussi avait-elle proposé un délai d'un mois ou de deux mois suivant qu'il s'agissait de transports à l'intérieur de la France ou de transports à l'étranger. Il était utile, en effet, d'assurer le prompt règlement des transports, et, d'autre part, la facilité des communications et la suppression de l'ancienne fin de non-recevoir immédiate justifiaient la brièveté des délais.

Pourquoi les conclusions de la commission, acceptées ensuite par le Gouvernement, n'ont-elles pas abouti? Devant la commission de la Chambre des députés le délai fut trouvé trop court. On le porta d'abord à six mois, et ensuite à un an pour englober toutes les actions nées du contrat de transport.

Malheureusement le Sénat voulut encore allonger la durée des actions en rectification de taxe pour lesquelles il a adopté la prescription de cinq ans, de sorte que l'uniformité, pour laquelle on avait fait tant d'efforts, se trouva rompue définitivement.

Il semble bien que l'abandon du projet de la commission extra-parlementaire soit regrettable. On comprend difficilement que le destinataire, ayant constaté une avarie, ne se hâte pas de former sa réclamation, alors qu'il est en mesure de l'appuyer de preuves encore fraîches et que, d'autre part, il désire utiliser les marchandises avariées avant qu'elles soient complètement détériorées.

§ 2. — Action pour pertes.

En employant cette formule : « les actions pour avaries, pertes ou retard auxquelles peut donner lieu contre le voiturier le contrat de transport », le législateur de 1888 s'est proposé de résoudre une ancienne controverse. Sous l'empire de l'ancien article 108, on discutait sur le point de savoir si cet article recevait son application au cas où la perte de la marchandise s'était produite avant la mise en route et depuis que le voiturier a pris possession des colis.

On refusait en général d'admettre la courte prescription de six mois ou un an dans cette hypothèse, de sorte que le voiturier, pour l'invoquer, devait prouver que les marchandises étaient en route quand la perte s'était produite.

Pour soutenir cette opinion, on invoquait les travaux préparatoires et la discussion qui s'éleva dans la séance du Conseil d'État du 20 janvier 1807. Il est inutile d'exposer les interprétations des travaux préparatoires, interprétations qui n'ont plus qu'un intérêt historique et dont l'examen nous entraînerait trop loin.

On invoquait aussi un argument juridique qui est

curieux au point de vue de la détermination de la nature
du contrat de transport. On disait : « Tant que les marchandises sont dans les magasins du voiturier, le contrat
de transport est un véritable dépôt ; lorsqu'au contraire
elles sont en route, c'est un louage d'ouvrage. Pour la
première partie du contrat, par conséquent, l'article 108
n'est pas applicable, car cet article ne peut être invoqué
que par un voiturier et non par un dépositaire ». C'était
là une véritable subtilité : « Le contrat de transport, nous
dit M. Lyon-Caen (1), est parfait à partir du moment de
la remise des marchandises faite au voiturier ; aucune
transformation dans la nature du contrat ne s'opère au
moment de leur mise en route ; le voiturier comme tel
est responsable des marchandises à partir du jour où
elles lui sont confiées (art. 1783, C. civ.). Il était, du
reste, bien singulier que l'action en responsabilité fût
déclarée prescrite après six mois ou un an si la perte
survenait au cours du voyage ou à la gare d'arrivée et,
qu'au contraire, elle ne fût prescrite qu'après 30 ans
si la marchandise s'était perdue à la gare de départ ».

Aujourd'hui cette controverse a disparu. Le rapport
de M. Bisseuil s'exprime à ce sujet dans les termes suivants : « Il paraît donc indispensable de ne faire aucune
distinction entre la perte survenue au cours du transport et celle qui aurait pu se produire dans la gare même
d'expédition. Votre commission, d'accord avec le pro-

____

(1) *Le Droit,* article du 9 décembre 1888, n° 17.

jet du gouvernement, a adopté un texte qui ne laisse
aucun doute à cet égard ».

§ 3. — *Action pour retard.*

L'ancien article 108 ne mentionnant que l'action pour
perte ou pour avaries ne s'appliquait naturellement pas
à l'action pour retard. Les Compagnies de chemins de
fer avaient en vain tenté de soutenir que cette action
était prescriptible par six mois ou un an ; elles avaient
échoué dans leurs prétentions, car les règles relatives à
la prescription sont de droit strict, et la jurisprudence
avait toujours refusé d'assimiler le retard aux autres
causes de responsabilité du voiturier, quelque satisfai-
santes que fussent les raisons d'opérer cette assimilation.

La prescription de l'action pour retard était donc de
trente ans par suite de l'omission qui en était faite par
l'ancien article 108. Cette omission était fort regrettable, car le dommage résultant de la perte ou de l'avarie
est généralement plus considérable que celui qui résulte
du retard, et il devait être fort difficile pour le destinataire, agissant dans le cours d'un aussi long délai, de
fournir la justification du dommage que lui causait le
retard, alors que son silence prolongé pouvait faire présumer qu'il n'avait éprouvé aucun préjudice. Le législateur de 1888 s'est hâté de faire disparaître cette anoma-
lie en soumettant l'action pour retard à la même prescription que l'action pour perte et l'action pour avarie.

SECTION II. — DES ACTIONS SOUMISES A LA PRESCRIPTION
DE CINQ ANS.

Le deuxième paragraphe du nouvel article 108 est conçu dans les termes suivants :

« Toutes les autres actions auxquelles ce contrat peut donner lieu, tant contre le voiturier ou le commissionnaire que contre l'expéditeur ou le destinataire, aussi bien que celles qui naissent des dispositions de l'article 541 du Code de procédure civile, sont prescrites dans le délai de cinq ans. »

Il résulte de ce texte que les actions soumises à la prescription de cinq ans sont de trois sortes : 1° les actions que peut exercer le destinataire ou l'expéditeur contre le voiturier ou le commissionnaire de transport et qui ne sont pas prescrites au bout d'un an ; 2° les actions que peut intenter le voiturier au destinataire ou à l'expéditeur ; 3° les actions fondées sur l'article 541 du Code de procédure civile pour erreur, omission, faux ou double emploi, et qui peuvent être exercées soit par le voiturier contre le destinataire ou l'expéditeur, soit par ces derniers contre le voiturier.

§ 1. — *Actions contre le voiturier ou le commissionnaire résultant du contrat de transport.*

Ce sont les actions en détaxe. Telle est l'action par laquelle le destinataire prétendrait qu'on lui a appliqué

un tarif différent de celui qui aurait dû être appliqué ;
ou qu'on lui a fait payer le prix d'un itinéraire d'une lon-
gueur exagérée par suite d'une fausse direction donnée
à la marchandise ; ou qu'on lui a réclamé une taxe de
stationnement par jour et par wagon alors que la Compagnie aurait pu décharger les marchandises dans ses
magasins ; ou bien qu'on lui a fait payer le prix du
transport en plusieurs wagons alors qu'il avait demandé
le tarif par wagon complet. Toutes ces actions n'étant
pas visées par l'ancien article 108 se prescrivaient par
trente ans ; le nouvel article 108 en limite l'exercice à
cinq ans.

§ 2. — *Actions du voiturier contre le destinataire ou l'expéditeur.*

La prescription de cinq ans frappe également les actions que le voiturier peut exercer contre le destinataire
ou l'expéditeur, telle que l'action en paiement du prix du
transport et l'action en surtaxe.

A ce sujet s'élève une question qui était déjà discutée
sous l'empire de l'ancien article 108 et que la nouvelle
loi n'a pas résolue. Lorsque le voiturier agit contre le
destinataire en paiement du prix ou en surtaxe après
l'année dans laquelle il aurait pu être actionné pour avarie, perte ou retard, le destinataire pourra-t-il lui opposer, par voie d'exception, une demande d'indemnité
qu'il n'a pas formulée et qu'il ne pourrait plus formuler
par voie d'action ? Si l'on s'en tient au principe généralement admis, que la prescription limite la durée des

actions et non celle des exceptions, la solution affirmative doit être donnée. Ce n'est pourtant pas l'avis de la
jurisprudence (1) qui refuse au destinataire la faculté de
repousser l'action du voiturier par une réclamation de
dommages-intérêts sous prétexte que cette réclamation
n'est pas en réalité une exception, et qu'elle constitue
une véritable demande distincte par son objet et par sa
cause de la demande du voiturier.

La solution de la jurisprudence nous paraît fausse.
Qu'importe que la demande du destinataire soit distincte
de celle du voiturier ; elle n'en constitue pas moins une
exception tirée des obligations même que le contrat de
transport impose au voiturier. La question est seulement
de savoir si le principe « *quæ temporalia sunt ad agen-
dum perpetua sunt ad excipiendum* » est applicable à
notre matière? Pourquoi ne le serait-il pas ? Quant à
nous, nous ne voyons rien qui s'oppose à ce que le destinataire écarte par une exception l'action du voiturier
tant qu'elle peut être exercée. Mais, dira-t-on, cette
exception n'en est pas une; c'est bien plutôt une demande
reconventionnelle à laquelle la règle « *quæ temporalia,*
etc. » ne doit pas s'appliquer. Nous trouvons la réponse
à cette objection dans le passage suivant de l'article de
M. Lyon-Caen qu'on nous permettra de citer textuel-
lement (2).

« Le mot exception a, dans la langue du droit, deux

(1) Besançon, 24 novembre 1886, *J. du Palais*, 1887, 1, 1202.
(2) *Le Droit*, article du 9 décembre 1888, n° 20.

sens différents selon qu'il s'agit, soit de la procédure civile, soit du droit civil ou du droit commercial. En matière de procédure, l'*exception* est un moyen opposé par le défendeur et tendant à faire rejeter l'action pour un motif étranger au fond même de l'affaire (art. 166 à 192, C. proc. civ.). En matière de droit civil ou commercial, le mot exception désigne tout moyen tendant à faire repousser, en tout ou en partie, une action, que ce moyen touche ou non au fond du droit (art. 1202 et 2022, C. civ.). Ainsi, celui qui se prévaut du paiement, de la remise de la dette, de la compensation, etc..., contre une action exercée par un créancier, oppose une exception. Il est hors de doute que la règle *quæ temporalia sunt*, etc. vise des exceptions dans le sens large où ce mot est pris dans le droit civil et dans le droit commercial. C'est bien une exception qu'oppose le destinataire qui se prévaut de la responsabilité du voiturier contre l'action en paiement du prix du transport. Son but est, en effet, de faire repousser cette action : il veut que le juge, condamnant à des dommages-intérêts le voiturier, les compense avec la dette du prix du transport ».

Ainsi donc la solution de la jurisprudence que nous avons mentionnée au commencement de ce paragraphe nous paraît devoir être repoussée. Cette solution a en outre l'inconvénient de mettre à la disposition du voiturier un moyen de fraude dont il userait facilement : connaissant sa responsabilité envers le destinataire au sujet d'une avarie, d'une perte ou d'un retard, il s'abstiendrait

de ne pas réclamer le prix du transport pendant un an
afin de ne pas inciter le destinataire à exercer son action
en responsabilité. De son côté le destinataire, s'imagi-
nant que le voiturier ne réclame pas le prix du transport parce qu'il se juge fautif, laisserait passer le délai
d'un an sans agir et perdrait ainsi tous ses droits contre
le transporteur; celui-ci, à l'abri de toute réclamation
par l'effet de la prescription annale, intenterait ensuite
en toute sécurité dans les cinq ans son action en paiement du prix du transport.

La faculté accordée au destinataire d'opposer une
exception perpétuelle déjoue cette combinaison. Observons toutefois qu'elle ne la déjoue que dans la limite
maxima nécessaire pour éteindre par compensation la
créance du voiturier. En effet, si la créance du destinataire était supérieure à celle du voiturier, nous pensons
que la demande en dommages-intérêts pour l'excédent
serait une véritable action et non plus un moyen de
défense, et que par conséquent la règle « *quæ temporalia* » ne pourrait pas être invoquée pour cet excédent.
Le destinataire devra donc apprécier, pour régler sa
conduite, si l'indemnité qu'il peut réclamer au voiturier est inférieure, égale ou supérieure à la somme
dont il est débiteur envers lui; est-elle égale ou inférieure, il peut jouer le rôle de défendeur et attendre la
poursuite du voiturier, en admettant du moins que le
tribunal adopte la théorie que nous venons d'exposer;

est-elle supérieure au contraire, il devra prendre l'initiative du procès.

§ 3. — *Actions fondées sur l'article 541 du Code*
de procédure civile.

Le législateur de 1888 a cru devoir soumettre à la prescription de cinq ans les actions fondées sur les dispositions de l'article 541 du Code de procédure civile. Cet article est ainsi conçu : « Il ne sera procédé à la révision d'aucun compte, sauf aux parties s'il y a erreur, omission, faux ou double emploi, à en former leur demande devant les mêmes juges ».

Cet article contient deux dispositions : 1° prohibition de toute demande en révision de compte ; 2° faculté d'agir en redressement de compte. Il ne faut pas confondre l'action en révision, qui est prohibée, avec l'action en redressement, qui est permise. La révision consiste dans un nouvel examen des articles de recette et de dépense d'un compte ou d'un chapitre d'un compte à propos duquel il y a eu déjà jugement ou reconnaissance par les parties de l'exactitude du compte. Or la loi défend de remettre en question la décision judiciaire qui a force de chose jugée ou la convention des parties, suppléant la décision judiciaire, qui a force de loi entre elles suivant le principe de l'article 1134 du Code civil. Ainsi un arrêté de compte consenti à l'amiable et un arrêté de compte rendu judiciairement ne peuvent pas donner lieu à une action en révision ; ce serait remettre en question ce qui a été jugé ou convenu.

Il en est autrement de l'action en redressement de compte qui a pour but de rectifier des erreurs, des omissions, des faux emplois ou des doubles emplois ; dans ces divers cas la loi autorise la partie lésée à agir en redressement de compte. L'effet de cette action est de rectifier des points qui ont pu échapper à l'attention des parties pendant la discussion du compte, mais non de ressusciter un débat qui a déjà été soulevé soit en justice, soit hors justice ; pour que l'action en redressement soit admise, il faut donc que les erreurs, omissions, faux ou doubles emplois n'aient été reconnus que depuis le jugement ou la convention arrêtant le compte.

Il suit de là que l'action en redressement de comptes n'est pas une voie d'attaque contre un jugement ; c'est une action nouvelle, qui ne doit pas être confondue avec l'action en reddition de comptes et qui suit la marche ordinaire des actions. La prescription de l'action en redressement de comptes est de trente ans ; on ne peut, en effet, l'assimiler à une action en nullité ou en rescision d'un contrat soumise à la prescription de dix ans, puisqu'elle n'a pas pour objet de faire annuler le jugement ou la convention intervenus antérieurement qu'elle peut même, suivant les circonstances, être appelée à compléter.

Or le nouvel article 108 soumet désormais à la prescription de cinq ans l'action en redressement des comptes intervenus à l'occasion d'un contrat de transport.

Supposons que le voiturier ait commis une erreur de calcul dans l'addition des différents articles de sa facture, ou qu'il ait fait figurer deux fois le même article, ou bien qu'il ait mentionné dans sa facture un transport exécuté pour un autre client, ou bien enfin qu'il ait omis de mentionner dans son compte un article qui aurait dû y figurer. Dans ces différentes hypothèses, l'article 541 du Code de procédure civile est applicable et il y aura lieu à l'action en redressement de comptes, soit au profit du voiturier, soit au profit du destinataire. C'est cette action que le nouvel article 108 soumet à la prescription de cinq ans, bien qu'elle ne soit pas née directement du contrat de transport, mais seulement à son occasion ; le législateur de 1888 a été inspiré ici par une pensée d'uniformité en soumettant à la même durée toutes les actions qui ont leur origine, même éloignée, dans le contrat de transport.

C'est au Sénat qu'est due cette innovation et il est intéressant de remarquer que le projet qui lui avait été soumis par la commission contenait une disposition absolument contraire ainsi conçue : « Il n'est pas dérogé aux dispositions de l'article 541 du Code de procédure civile ». Une longue discussion s'éleva lors de la seconde délibération pour savoir s'il ne convenait pas de rayer du projet cette disposition comme inutile ; M. Léon Clément soutint à la tribune du Sénat que les actions en détaxe et en surtaxe rentraient dans les prévisions de l'article 541 et qu'il n'y avait pas lieu par conséquent de réserver l'application de cet article, puisque les actions nées à l'occasion du contrat de transport qui pouvaient rentrer dans sa sphère d'application étaient déjà soumises à la prescription de cinq ans.

Après tout ce que nous venons de dire sur l'action en redressement de comptes, il est facile d'apercevoir la fausseté manifeste de la théorie de M. Clément. M. Bozérian a parfaitement relevé l'erreur de son honorable collègue dans les termes suivants :

« Vous voulez soutenir que l'erreur, dans le sens de l'article 541, est une erreur sur la surtaxe ou sur la taxe, mais cela est absolument contraire à tous les précédents et je rencontre ici encore l'adhésion de tous ceux qui connaissent le Droit : l'erreur dans le sens de l'article 541, c'est l'erreur dans l'addition, c'est l'erreur de chiffre ; voilà ce qui a été constamment exposé par la doctrine et appliqué par la jurisprudence. Mais les erreurs dont vous parliez tout à l'heure sur la taxe, soit qu'il y ait taxe en trop, soit qu'il y ait taxe insuffisante, ne sont pas du tout les erreurs matérielles de calcul dont parle l'article 541 du Code de procédure. Par conséquent au point de vue des erreurs matérielles dont parle cet article, il reste toujours un délai de 30 ans ; au point de vue des erreurs spéciales consistant en méconnaissance des règles du tarif, au contraire, le délai est de cinq ans... Voilà une distinction qui est élémentaire, et je le répète, on ne peut pas soutenir sérieusement le contraire. »

Il était donc utile de formuler une disposition expresse dans l'article 108, si l'on voulait soumettre l'action en redressement des comptes du voiturier à la prescription de cinq ans. C'est la solution que le Sénat a fini par adopter, solution fort critiquable, car nous n'apercevons pas de raison pour faire exception en matière de transport à l'article 541 ; le législateur a voulu empêcher qu'on revînt, sous aucun prétexte, sur le règlement d'un transport dont l'exécution remonterait à plus de cinq ans, et, pour obtenir ce résultat, il n'a pas hésité à raccourcir dans un cas unique la durée d'une action pour laquelle en toute autre matière les délais de la prescription ordinaire resteront applicables.

SECTION III. — DES ACTIONS SOUMISES A LA PRESCRIPTION
D'UN MOIS.

Lorsqu'un transport a été exécuté par plusieurs voituriers et que l'un d'eux, généralement le dernier, est actionné en responsabilité par le destinataire ou l'expéditeur, ce voiturier peut intenter une action récursoire contre un de ses prédécesseurs, et ce dernier peut agir à son tour contre un autre voiturier ou contre le commissionnaire chargeur, et ainsi de suite jusqu'à ce que le coupable de la faute soit trouvé et condamné.

Avant la nouvelle loi, on admettait que ces actions récursoires se prescrivaient par le même délai que l'action principale elle-même, c'est-à-dire par six mois ou

un an lorsque cette action était fondée sur la perte ou
sur l'avarie des marchandises. Mais quel était le point
de départ de la prescription des actions récursoires?
Était-ce le jour où la demande principale, formée contre le garanti, avait mis celui-ci en demeure de former
une action récursoire contre le garant? Devait-on au
contraire donner à la prescription de l'action récursoire
le même point de départ qu'à la prescription de l'action
principale, c'est-à-dire le jour où le transport de la
marchandise a été effectué ou aurait dû l'être?

La jurisprudence de la Cour de cassation, après avoir
hésité sur la question, s'était fixée définitivement dans
le second sens (1), par ces motifs que les termes de l'ancien article 108 étaient absolus et fixaient le point de
départ de la prescription sans distinguer entre l'action
récursoire et l'action principale, et que le droit pour un
voiturier d'en actionner un autre à raison d'un contrat
de transport existant indépendamment de toute poursuite du destinataire, rien en théorie n'oblige le voiturier
intéressé à attendre qu'il soit lui-même attaqué pour
agir.

Cette solution était sans doute fort juridique; elle
avait de plus l'avantage d'assurer complètement le but
de la loi qui aurait pu souvent être manqué si l'on avait
admis un nouveau point de départ pour chaque action
récursoire, ce qui aurait pu prolonger indéfiniment la
responsabilité du voiturier poursuivi en dernier lieu.

(1) Cass., 11 novembre 1872, S. 72, 1, 401.

Mais le voiturier susceptible d'être poursuivi en première ligne était mis dans une situation fort difficile ; en effet, il n'apprenait le fait de l'avarie ou de la perte des colis que par l'assignation du destinataire, et l'ignorance où il se trouvait jusque-là justifiait son inaction. Comment aurait-il pu s'éclairer sur l'état des colis au moment de leur arrivée à destination ; il eût été obligé de s'en informer auprès de son substitué et de lui réclamer la justification de la décharge donnée par le destinataire ; à défaut de cette justification, il était obligé de l'assigner en responsabilité d'après la théorie de la Cour de cassation. Qui ne voit combien la position du voiturier était rendue plus délicate par une semblable jurisprudence.

Aussi la commission extra-parlementaire proposa-t-elle d'introduire dans le nouvel article 108 la disposition suivante, qui fut adoptée : « Le délai pour intenter chaque action récursoire est d'un mois. Cette prescription ne court que du jour de l'exercice de l'action contre le garanti ».

Cette disposition est évidemment équitable, mais elle soulève une question que nous trouvons tranchée dans les travaux préparatoires. Lorsque le voiturier actionné par le destinataire veut appeler en garantie un voiturier antérieur, il a le choix entre deux moyens : ou bien faire mettre immédiatement en cause celui auquel il impute la faute ; c'est la garantie incidente ; ou bien soutenir seul le procès qui lui est intenté et agir ensuite, s'il y a lieu contre son garant ; c'est la garantie principale. Il s'agit de savoir si la prescription d'un mois édictée par l'article 108 s'applique toujours à l'action récursoire, qu'elle soit exercée par voie de garantie incidente ou de garantie principale. Sans aucun doute elle s'applique à l'action en garantie incidente, mais, en ce qui concerne l'action en garantie principale, la question a été discutée au Sénat. L'affirmative a été soutenue par M. Clément dans la séance du 6 février 1888 ; il a été contredit par M. Pâris avec l'assentiment de la commission. L'honorable sénateur posait ainsi la question :

« Le transport d'un colis donne lieu à une contestation ; une action est intentée par le destinataire contre le voiturier. Que fait alors le défendeur ? Ou bien il estime qu'il n'a pas d'action en garantie à exercer, et le débat se circonscrit entre deux parties ; puisque le défendeur n'a pas appelé garant en cause, il n'existe pas d'action récursoire. Plus tard, il est vrai, le défendeur condamné se ravise et agit à son tour contre un tiers. Son action ne sera pas récursoire, elle ne se produira pas sous la forme de l'appel en garantie ; l'action sera principale. Dès lors le texte de la commission me paraît répondre aux préoccupations de l'honorable M. Clément, puisque la Commission déclare que toutes les actions auxquelles peut donner lieu le contrat de transport sont prescrites dans le délai d'un an. La seconde action intentée par le voiturier contre son transporteur intermédiaire ou contre l'expéditeur sera principale ; elle sera, par conséquent, comme la première action jugée entre

le destinataire et le voiturier, atteinte dans le délai d'un
an par la prescription. Cela me paraît très clair. Si, au
contraire, le défendeur juge convenable d'appeler garant
en cause, de manière à éviter une seconde instance,
l'action qu'il intentera sera une action en garantie, une
action récursoire dont la durée sera réduite à un mois.
Tous les principes me paraissent sauvegardés et tous les
intérêts conciliés. Ceci dit, j'espère que la commission
acceptera, au point de vue de la précision et de la correc-
tion plus grande du texte, la légère modification que
j'ai proposée à sa rédaction : « le délai pour intenter
chaque action récursoire est d'un mois ».

Le Sénat ayant adhéré aux observations présentées
par M. Pâris en adoptant la rédaction même qu'il avait
proposée, il faut en conclure que l'action en garantie
incidente se prescrit par un mois, tandis que l'action en
garantie principale se prescrit par un an.

Cette solution ne nous paraît pas exempte de criti-
ques. L'action qu'un voiturier poursuivi par un destinataire ou un expéditeur exerce contre un autre voiturier
ou contre le commissionnaire chargeur est toujours une
action récursoire, qu'elle soit exercée à titre de garantie
incidente ou de garantie principale ; la différence de
procédure qui en résultera n'empêche pas que l'une et
l'autre action aient la même source et il peut paraître
étrange que les délais de la prescription dans les deux
cas soient différents.

Il est rigoureux, pour ne pas dire illogique, d'obliger

un voiturier à agir en garantie principale avant d'avoir
été lui-même poursuivi ; c'est le mettre en quelque sorte
dans l'impossibilité d'exercer son action récursoire par
voie de garantie principale. En effet, nous avons dit que
la prescription d'un an a pour point de départ, en cas de
perte totale, le jour où la remise de la marchandise
aurait dû être effectuée, et, dans tous les autres cas, le
jour où les colis auront été remis ou offerts au destinataire ; c'est donc dans l'année qui suivra ce jour que
le voiturier devra agir par voie de garantie principale,
lors même que l'avarie ou la perte de la marchandise
ne lui seraient signalées par la poursuite du destinataire qu'au dernier jour de ce délai, ce qui le mettrait
réellement dans l'impossibilité d'exercer une action en
garantie principale ; il peut arriver en effet que le voiturier préfère attendre l'issue du procès pour exercer
son recours en garantie ; pourquoi lui retirer cette res-
source, s'il croit y trouver un avantage.

Au surplus le texte du nouvel article 108 ne fait pas
la distinction que font les travaux préparatoires ; en s'en
tenant à la lettre seule de la nouvelle loi, on peut donc
dire que l'action en garantie principale comme l'action
en garantie incidente se prescrit par un mois du jour de
l'exercice de l'action contre le garanti. Les tribunaux
ne connaissent que le texte de la loi et l'interprétation
naturelle du 4ᵉ alinéa du nouvel article 108 est celle
que nous venons de donner. Reste à savoir si l'on ne
doit pas tenir compte de travaux préparatoires aussi for-

mels que ceux que nous avons cités ; quant à nous, notre pensée est qu'il est impossible d'en faire abstraction, malgré l'avantage qu'il y aurait à les considérer comme lettre morte ; c'est donc à regret que nous adoptons la solution la plus défavorable au voiturier.

CHAPITRE II

DES PERSONNES ENTRE LESQUELLES L'ARTICLE 108
EST APPLICABLE.

§ 1. — *Par qui peut être invoqué l'article* 108.

L'article 108 peut être invoqué par le voiturier de profession et par le commissionnaire de transports. Il ne pourrait pas être invoqué par un particulier qui se chargerait exceptionnellement de transporter des marchandises, parce qu'on ne peut invoquer une disposition du Code de commerce, créée dans un intérêt exclusivement commercial, qu'autant que le contrat sur lequel on se fonde est commercial pour celle des parties qui s'en prévaut. Déjà nous avons remarqué que la fin de non-recevoir tirée de l'article 105 n'était admissible qu'en faveur du voiturier commerçant ; il doit en être de même de la prescription de l'article 108 qui ne peut être invoquée que par le voiturier de profession.

Le voiturier lui-même ne saurait se prévaloir de la prescription de l'article 108 si ce n'est pas en qualité de simple transporteur qu'il est poursuivi ; ainsi il a été jugé (1) qu'une Compagnie de messageries qui s'était chargée du recouvrement d'un effet et qui avait perdu

(1) 16 déc. 1850, D. 51, 1, 302.

les fonds qu'elle avait touchés ne pouvait pas invoquer
la prescription de l'article 108, parce que le contrat intervenu n'était pas un pur contrat de transport ; il y
avait en outre un contrat de mandat et l'action de ce
mandat devait être soumise à la prescription ordinaire.

En dernier lieu l'article 108 peut être invoqué par le
destinataire ou l'expéditeur à l'encontre du voiturier
dans les cas que nous avons énumérés, c'est-à-dire en
cas d'action en paiement du prix et d'action en surtaxe.

§ 2. — *A qui peut-on opposer l'article* 108.

Les mêmes personnes qui peuvent invoquer l'article 108 peuvent aussi se le voir opposer. Une controverse
s'était élevée sous l'empire de l'ancien article 108 sur le
point de savoir à qui le voiturier pouvait opposer la
prescription de l'article 108. Pouvait-il l'opposer à tout
destinataire ou expéditeur ou seulement au destinataire
et à l'expéditeur commerçants ? On avait prétendu que
la prescription de l'ancien article 108 n'était opposable
qu'à ces derniers, parce que tandis que l'article 105 par-
lait des « objets transportés », l'article 108 déclarait
prescrites « les actions à raison de la perte ou de l'avarie des marchandises », ce qui suppose, disait-on, que le
destinataire est commerçant ; on ajoutait que les poursuites des commerçants sont en réalité les seules à crain-
dre, en raison de la quantité des transports auxquels
donnent lieu leurs opérations, et que le législateur ne
s'est pas occupé des particuliers non commerçants.

Toutefois l'opinion contraire avait prévalu et avec raison. N'y avait-il pas le même intérêt à soustraire le voiturier aux longueurs de la prescription de 30 ans, quelles que fussent la profession et la qualité du destinataire? Quant à l'expression « marchandises » employée par l'ancien article 108, elle était synonyme d'objets à transporter ; nous avons pris du reste dans le cours de cette étude ces deux expressions comme équivalentes, ainsi que le fait l'article 102 du Code de commerce qui exige que la lettre de voiture indique : « la nature et le poids ou la contenance des *objets à transporter*... le nom de celui à qui la *marchandise* est adressée. » En fait, tout objet à transporter est pour le voiturier une marchandise ; l'ancien article 108 était donc applicable au transport des bagages des voyageurs.

Le nouvel article 108 a supprimé la controverse en déclarant prescrites par un an les actions « auxquelles peut donner lieu contre le voiturier le contrat de transport » ; quelle que soit donc la qualité du destinataire, que ce soit un négociant, un non-commerçant ou un voyageur, les actions qu'il pourra intenter contre le voiturier à raison du transport des colis qui auront fait l'objet du contrat seront soumises à la prescription de l'article 108.

CHAPITRE III

DE LA SUSPENSION ET DE L'INTERRUPTION DES
PRESCRIPTIONS DE L'ARTICLE 108.

§ 1. — *Suspension.*

Les prescriptions de l'article 108 sont, comme les autres prescriptions, susceptibles d'être suspendues pour les causes reconnues par la loi.

Ainsi le décret du 9 septembre 1870, qui suspendit le cours des prescriptions en matière civile pendant la guerre, s'appliquait à la prescription de toutes les actions, civiles ou commerciales, sans distinction entre les longues et les courtes prescriptions ; il s'appliquait donc à la prescription de notre article 108 (1).

Toutefois, en ce qui concerne la suspension de la prescription en faveur des mineurs et des interdits, nous savons que l'article 2252 du Code civil excepte de cette suspension les cas déterminés par la loi. Pas de difficulté lorsqu'il existe une disposition expresse, comme dans les articles 1663 et 1676 du Code civil ; en outre, la doctrine admet qu'une exception virtuelle, résultant de l'esprit et des motifs de la loi, est suffisante pour faire courir la prescription contre les incapables ; nous

(1) C. de cass., 9 déc. 1874, S. 75, 1, 84.

croyons, d'après cette doctrine, pouvoir ranger l'article 108 au nombre des exceptions virtuelles prévues par l'article 2252 ; il est juste, en effet, que, si on reconnaît à un incapable la capacité nécessaire pour participer à un contrat de transport, il soit soumis aux règles générales qui régissent ce contrat ; nous pensons donc que les prescriptions de l'article 108 courront contre les mineurs et les interdits.

§ 2. — Interruption.

La prescription des actions relatives au contrat de transport est susceptible d'être interrompue par les modes ordinaires d'interruption. L'article 2244 du Code civil déclare que la prescription est interrompue par la signification d'une citation en justice, d'un commandement ou d'une saisie faite à celui qu'on veut empêcher de prescrire et l'article 2248 attribue le même effet à la reconnaissance du débiteur régulièrement établie.

En appliquant ces principes au contrat de transport, nous dirons que la réclamation du destinataire, verbale ou écrite, même si le voiturier en avait accusé réception, ne suffit pas pour interrompre la prescription de l'article 108. De même la simple constatation par un chef de gare, d'un déficit dans la quantité (1) et *a fortiori* les recherches infructueuses que le voiturier a pu opérer pour retrouver un manquant (2) ne peuvent être consi-

____

(1) 11 juin 1877, S. 78, 1, 180.
(2) Cass., 30 mars 1874, S. 74, 1, 276.

dérées comme une reconnaissance suffisante pour interrompre la prescription. De même encore le fait, par un chef de gare, d'avoir promis de faire régler à l'amiable la réclamation du destinataire, ne peut être considéré comme interruptif de la prescription (1).

Cependant la promesse d'un règlement amiable de la réclamation du destinataire a pu être considérée comme interruptive de la prescription, lorsqu'après avoir été précédée de recherches minutieuses pour retrouver l'objet égaré, elle a été accompagnée d'une proposition de régler l'*indemnité due*, ce qui suppose bien que le droit à l'indemnité est reconnu en principe et qu'il ne reste plus qu'à en fixer le montant (2). Le fait par le voiturier de se désister d'une action en paiement du prix d'un transport de marchandises refusées par le destinataire n'interrompt pas non plus la prescription de la demande en indemnité que celui-ci pourrait introduire plus tard.

Enfin l'appel en garantie, dans une instance introduite par le voiturier primitif contre le dernier, ne peut interrompre la prescription au profit du destinataire qui, après l'expiration des délais pour prescrire, réclame la livraison de la marchandise (3).

(1) Cass., 29 déc. 1874, S. 75, 1, 448.
(2) Cass., 29 nov. 1875, S. 76, 1, 79.
(3) Cass., 8 décembre 1880, *France judiciaire*, année 80-81, t. 5, p. 259.

CHAPITRE IV

DES CAS OU LE BÉNÉFICE DE LA PRESCRIPTION EST PERDU

OU NE PEUT ÊTRE ACQUIS.

Nous étudierons dans ce chapitre la renonciation et les stipulations dérogatoires à la prescription, puis ensuite la fraude et l'infidélité du voiturier.

SECTION PREMIÈRE. — RENONCIATION ET STIPULATIONS

DÉROGATOIRES.

Il est de principe que toute personne qui peut invoquer la prescription peut aussi y renoncer, à condition naturellement que le bénéfice lui en soit acquis, toute renonciation anticipée devant être considérée comme nulle. La renonciation à la prescription peut être expresse ou tacite. Elle résulte d'abord de cette circonstance qu'on ne l'oppose pas en temps utile au cours de l'instance, car le juge ne peut suppléer d'office le moyen tiré de la prescription. Mais en ce qui concerne la renonciation tacite il faudra bien prendre garde de n'admettre que des faits suffisamment caractérisés pour impliquer cette conséquence. Ainsi le voiturier qui offrirait de justifier de la remise des colis aux mains du destinataire et qui exécuterait le jugement autorisant cette preuve, ne serait pas censé avoir renoncé à la prescription de l'article 108, de telle sorte qu'il pourrait encore l'invoquer si l'enquête était arguée de nullité (1).

Si l'interdiction de renoncer d'avance à la prescription est absolue, on peut se demander s'il est permis de changer les délais de la prescription de l'article 108 par des conventions particulières. Dans le projet primitif du nouvel article 108, il y avait une disposition qui déclarait nulle toute stipulation contraire à la nouvelle loi. Le Sénat retrancha cette disposition de l'article 108 et la reporta à l'article 105, sur les observations du rapporteur faisant remarquer que l'article 108 était suffisamment protégé par l'article 2220 du Code civil portant qu'on ne peut d'avance renoncer à la prescription. Dans la séance du 20 février 1888, le rapporteur développa son idée ainsi qu'il suit :

« Comme toutes les actions relatives au délai de la prescription sont gouvernées d'une façon générale et supérieure par la règle posée dans l'article 2220 du Code civil, aux termes duquel nul ne peut renoncer d'avance à la prescription, il est bien clair que la clause prohibitive ne peut avoir une utilité quelconque au point de vue de l'article 108 ».

Nous croyons que l'honorable rapporteur, M. Demôle, a commis une erreur singulière en affirmant que toutes

(1) Limoges 22 mars 1811, Dalloz, *Répertoire* au mot *Commissionnaire*, n° 495.

les actions (c'est-à-dire les conventions) relatives au contrat de transport étaient régies par l'article 2220 du Code civil. En effet cet article se borne à frapper de nullité les conventions par lesquelles on renonce d'avance à la prescription. On y assimile généralement les conventions qui allongent les délais de la prescription ; on comprend facilement que, par de semblables conventions, on arriverait presque au même résultat que par les conventions visées expressément par l'article 2220. Mais, en ce qui concerne les conventions qui abrègent les délais de la prescription, il est faux d'affirmer qu'elles soient régies par l'article 2220. Ces dernières conventions concourent au but que s'est proposé le législateur en créant la prescription, à savoir la limitation des procès dans un temps aussi court que possible, l'administration de preuves plus fraîches et l'amélioration de la situation du débiteur.

Par conséquent, si l'on voulait prohiber les conventions abréviatives des délais de la prescription, il fallait le dire expressément ; comme on ne l'a pas fait, nous pensons qu'on peut parfaitement déroger à l'article 108 en abrégeant les délais de la prescription qu'il édicte ; c'est ce qu'on fait tous les jours en appliquant certains tarifs spéciaux dans lesquels, en échange d'une abréviation des délais de la prescription, la Compagnie accorde une réduction sur les prix du tarif général. Ce sont ces tarifs que le législateur voulait atteindre en prohibant les dispositions contraires à l'article 108 ; dans la séance du 6 février 1888, M. Bozérian s'exprimait à ce sujet dans les termes suivants, que nous ne pouvons nous empêcher de citer parce qu'ils montrent bien dans quel esprit exclusif la nouvelle loi a été faite:

« Je demande que la loi soit faite aussi bien pour les grandes Compagnies que pour les simples particuliers. Les simples particuliers, ce sont les petits, il faut les protéger ; quant aux grandes Compagnies, nous savons bien qu'elles ont les moyens de se protéger elles-mêmes ; elles n'ont pas besoin de protecteurs ; elles savent comment la loi est faite ; elles savent aussi comment elle peut être défaite. J'ai lu quelque part, avec stupéfaction, avec une véritable stupéfaction, que des tarifs comme ceux que je viens de rappeler (les tarifs spéciaux) étaient légaux. Je ne sais pas si l'on produira devant les tribunaux l'argument de ce que les tarifs dûment homologués ont force de loi. Quant à moi je ne reconnais pas plus au ministre qui homologue un tarif qu'au ministre qui signe un décret le droit de se mettre au-dessus de la loi. »

N'en déplaise à l'honorable M. Bozérian, nous croyons que les tarifs en question sont légaux et que les ministres qui les ont homologués n'ont fait que se conformer à l'opinion la plus généralement admise, en vertu de laquelle les conventions qui abrègent la durée de la prescription sont parfaitement valables ; il n'y avait vraiment pas lieu d'éprouver une telle stupéfaction devant ce résultat si simple, ni d'accuser les ministres de violer la loi. Nous pensons même qu'aujourd'hui encore comme avant la nouvelle loi, malgré ce qui a été dit dans les travaux préparatoires, les parties pourront toujours consentir à l'abréviation des délais de la prescription de l'article 108. En effet le législateur a cru que ces conventions tombaient sous le coup de l'article 2220 du Code civil, mais nous avons démontré qu'il s'était trompé ; par conséquent on en est toujours au même point qu'avant la déclaration erronée de M. Demôle à laquelle on ne saurait vraiment reconnaître un effet quelconque.

SECTION II. — FRAUDE OU INFIDÉLITÉ DU VOITURIER.

Nous avons défini la fraude et l'infidélité du voiturier à propos de l'article 105 et nous avons conclu, malgré le silence de cet article, que dans ces circonstances exceptionnelles la déchéance était inapplicable au destinataire. Ici, au contraire, l'article 108 exclut formellement de son application les cas de fraude et d'infidélité.

L'ancien article 108 contenait également cette exception qui semble bien inutile en vertu du principe général : *fraus omnia corrumpit*. Le législateur a cependant jugé nécessaire d'exprimer formellement que les cas de fraude ou d'infidélité étaient en dehors de la sphère d'application de l'article 108. Dans ces deux hypothèses, la prescription de droit commun sera donc applicable ; le voiturier coupable de fraude sera donc exposé pendant 30 ans à l'action du destinataire, et le voiturier coupable d'infidélité pendant trois ans seulement, parce que la prescription de l'action privée résultant d'un délit est la même que celle de l'action publique (art. 637 et 638, C. instr. crim.). Ces deux prescriptions s'appliqueront séparément lorsque le détournement sera accompagné de fraude ; il y a dans ce cas deux actions qui seront soumises chacune à sa prescription particulière.

APPENDICE I

TRANSPORTS POUR LE COMPTE DE L'ÉTAT.

Les transports pour le compte de l'État sont soumis à l'application des articles 105 et 108 comme les transports pour le compte des particuliers. Toutefois le point de départ de la prescription n'est pas toujours le même. Le dernier alinéa du nouvel article 108 est en effet ainsi conçu :

« Dans le cas de transports faits pour le compte de l'État, la prescription ne commence à courir que du jour de la notification de la décision ministérielle emportant liquidation ou ordonnancement définitifs ».

Cette disposition, introduite sur les observations de M. Bozérian, se justifie par les complications de la comptabilité publique et la lenteur des règlements de compte en cette matière. Cette lenteur provient, suivant M. Bozérian, des deux causes suivantes : d'abord les transports pour le compte de l'État s'effectuent la plupart du temps en vertu de traités à longue échéance qui donnent lieu à des comptes considérables dont le règlement nécessite beaucoup de temps. Ensuite, comme aucune créance ne peut être liquidée à la charge du Trésor public que par l'un des ministres ou par ses délé-

gués (art. 62, décret du 31 mai 1862), il en résulte forcément encore des retards dans la liquidation ; tant que
cette liquidation n'est pas intervenue, il n'y a pas de
droit acquis au profit du prétendu créancier de l'État ;
on peut toujours revenir sur le compte ; c'est donc seulement quand il y aura eu liquidation que la prescription
pourra commencer à courir.

Le texte primitif du nouvel article 108 portait que la
prescription ne commencerait à courir que du jour de la
notification de la décision ministérielle emportant liquidation ou ordonnancement. Cette rédaction suggéra à
M. Bozérian l'observation suivante (1) :

« Qu'entendez-vous par ordonnancement? La liquidation est le résultat d'ordonnancements successifs. Est-
ce que chaque ordonnancement partiel aura pour résultat d'éteindre l'action de l'État à l'égard de l'article
ordonnancé? Je ne saurais l'admettre ; ce serait une dérogation capitale aux règles de la comptabilité publique. »

L'observation de M. Bozérian fut écoutée et le Sénat y
fit droit en ajoutant après les mots : « liquidation ou ordonnancement » l'épithète de « définitifs » qui ne laisse
subsister aucun doute sur le point de départ de la prescription.

Il reste maintenant à se demander si la disposition
finale du nouvel article 108 s'applique à la prescription
de toutes les actions nées du contrat de transport pour
le compte de l'État. On pourrait soutenir l'affirmative en

(1) Sénat, séance du 6 février 1888.

se fondant sur la généralité des termes employés. Mais il est évident que l'esprit de la loi est de ne soumettre à un point de départ spécial que les actions relatives au prix de la voiture. En effet, lorsqu'il s'agit d'avaries, de pertes ou de retard, l'État a tous les moyens de faire rapidement les vérifications indispensables et même plus aisément qu'un particulier, en raison du nombre considérable de ses agents ; il serait donc étrange de reculer indéfiniment le point de départ de la prescription de l'action que l'État pourrait exercer contre le voiturier pour pertes, avaries ou retard.

Cette solution est bien celle qui résulte de la lecture des travaux préparatoires, particulièrement du discours de M. Bozérian dans la séance du 6 février ; nous venons d'en citer plus haut un fragment qui se continue par ces mots : « Je ne puis, quant à moi, admettre la forclusion, après un an ou cinq ans, selon le délai qui sera fixé, que lorsqu'il y aura eu liquidation ». Or, comme on n'a jamais songé à porter à cinq ans la durée des actions pour avaries, pertes ou retard, c'est bien aux autres, à celles dont la durée devait être prolongée jusqu'à cinq ans, que songeait l'honorable M. Bozérian. En conséquence, malgré la généralité des termes de l'article 108 *in fine*, c'est seulement la prescription quinquennale dont le point de départ est changé dans le cas de transport pour le compte de l'État.

APPENDICE II

Nous n'avons pas l'intention, sous cette rubrique, de traiter des conflits de lois qui peuvent se produire relativement à la prescription et à la fin de non-recevoir en matière de transport terrestre ; cette étude a déjà été faite et nous nous proposons simplement ici de commenter les dispositions de la loi nouvelle relatives aux transports internationaux.

En ce qui concerne la prescription d'abord, il faut observer que l'ancien article 108 déclarait prescrites les actions pour perte ou avarie après six mois ou un an suivant qu'il s'agissait d'un transport en France ou d'un transport à l'étranger. Cette distinction produisait dans certains cas un résultat peu rationnel. Supposons une marchandise expédiée de Brest à Nice ; les actions pour pertes ou pour avaries étaient prescrites dans un délai de six mois, parce qu'il s'agissait d'un transport intérieur : supposons maintenant une marchandise transportée de Nice à Vintimille (Italie) ; les actions pour pertes ou pour avaries se prescrivaient dans un délai d'un an, parce qu'il s'agissait d'un transport international, quoique la marchandise n'eût parcouru que quelques kilomètres en France et quelques autres en Italie.

La loi nouvelle a fait disparaître cette inégalité ; aujour-
d'hui les actions pour pertes, pour avaries et pour retard
sont prescrites dans le délai d'un an, sans distinguer
entre les transports exécutés en France et les transports
internationaux.

Pour ce qui est de la fin de non-recevoir, nous avons
à signaler les derniers mots de l'article 105 qui autori-
sent les stipulations contraires à ses dispositions en
matière de transports internationaux. Cette disposition
a été votée au Sénat sur l'initiative de M. George qui fit
observer avec juste raison que les nouveaux articles 105 et 108 étaient en contradiction sur un grand
nombre de points avec des dispositions du projet de
réglementation internationale des transports élaboré
par la conférence réunie à Berne en 1878 et en 1888 et
soumis actuellement à la ratification des puissances. Si
donc on avait admis de façon absolue la prohibition de
déroger à l'article 105, on se serait trouvé sur certains
points importants en dehors du nouveau Code international des transports, et pour ces points-là on en serait
resté où on est encore aujourd'hui.

Actuellement, lorsqu'un transport international s'exécute, chaque voiturier intermédiaire ne peut être poursuivi que dans les délais et les conditions prescrits par
la loi sous l'empire de laquelle il a contracté ; pour conserver son droit d'action contre eux le destinataire doit
donc connaître la législation de tous les pays que la
marchandise a traversés, de sorte qu'un même contrat

13

de transport peut être soumis à l'application de plusieurs lois en opposition les unes avec les autres. C'est ce résultat si fâcheux que le projet de convention internationale élaboré à Berne a eu pour but d'écarter.

Lorsque cette convention sera adoptée par tout le monde, on aura un véritable Code international des transports dont il est inutile de faire ressortir les avantages. Or si les dispositions de ce Code en opposition avec notre article 105 n'avaient pu être appliquées en France par suite de la prohibition des stipulations contraires à l'article 105, la France se serait trouvée dans un isolement fâcheux. « Nous avons fait les plus grands efforts, disait M. George en faisant allusion au congrès de Berne (1), pour empêcher qu'en Europe il ne se formât un « Verein », une union de tous les chemins de fer en dehors de la France, et, par conséquent, contre la France. Nous y sommes arrivés. Il y a un projet considérable qui est accepté par toutes les nations. Pour Dieu, ne venez pas dans notre législation intérieure dès à présent, sans l'avoir discutée, accepter une clause pareille qui le rendait impossible et qui, encore une fois, pourrait avoir, au point de vue de notre pays, les conséquences les plus désastreuses ». Nous avons vu que cet éloquent appel de notre délégué à la conférence de Berne avait été entendu, de sorte que dès à présent les stipulations contraires à l'article 105 sont permises en matière de transports internationaux.

(1) Sénat, séance du 17 février 1888.

CONCLUSION

Le mérite de la loi que nous venons de commenter a
été diversement apprécié par les auteurs, suivant le point
de vue auquel ils se sont placés. A notre avis, on doit
rendre hommage aux bonnes intentions du législateur
de 1888, tout en reconnaissant que, sur bien des points
que nous avons signalés au fur et à mesure qu'ils se sont
présentés, il y a encore des améliorations à réaliser.

En résumé, pour ce qui concerne la prescription, le
nouvel article 108 apporte une amélioration sensible en
réduisant à un an et à cinq ans la durée des actions qui
se prescrivaient autrefois par trente ans ; il y a là une
bonne réforme dont tout le monde reconnaît l'utilité.

Quant à la réforme de l'article 105, elle a soulevé des
objections plus vives, d'abord parce qu'elle aboutira à
la multiplication des procès, ensuite parce qu'elle ne
donnera même pas aux expéditeurs et destinataires une
entière satisfaction puisqu'elle laisse à leur charge le
fardeau de la preuve qui sera très lourd parfois. Nous
croyons cependant qu'il était difficile de laisser subsister
l'ancienne fin de non-recevoir immédiate, au moins en
matière de transports par chemin de fer ; on aurait peut-
être pu conserver l'ancien article 105 pour tous les
transports terrestres autres que les transports par che-

min de fer, mais pour ces derniers, qui n'existaient pas lors de la rédaction du Code de commerce, il est incontestable que la fin de non-recevoir immédiate telle qu'elle était établie soulevait de sérieuses objections. Si on l'avait conservée, il aurait fallu l'atténuer en spécifiant les cas où les Compagnies de chemin de fer auraient été obligées d'accepter toujours les réserves du destinataire à peine de perdre le bénéfice de l'article 105 ; le législateur a préféré organiser un système qui existait déjà en matière maritime et qu'on lui demandait de toutes parts d'appliquer aux transports terrestres. Si ce système soulève des difficultés de preuve, c'est à ceux qui l'ont demandé de les vaincre ; ces difficultés étaient du reste inévitables et la pratique trouvera peut-être le moyen, au fur et à mesure des progrès de l'industrie des transports, d'en atténuer les inconvénients.

POSITIONS

Positions prises dans la thèse.

DROIT ROMAIN.

I. — Le legs de libération fait par un des *correi stipulandi socii* pouvait être opposé par le débiteur aux autres créanciers.

II. — Les règles du legs de la chose d'autrui étaient applicables au legs de libération de la dette d'autrui.

III. — C'est à juste titre que le legs de libération n'était considéré par les jurisconsultes romains que comme un mode d'extinction *exceptionis ope* des obligations.

IV. — La loi 82 *ad legem Falcidiam* D. XXXV, 2 contient une erreur de calcul au préjudice de l'héritier.

V. — Les lois 26, § 7, D. XII, 6 et 5, § 2, D. XXXIV, 3 d'Ulpien ne sont pas en contradiction.

DROIT FRANÇAIS.

I. — L'article 105 est applicable aux expéditions en port payé.

II. — La protestation du destinataire par lettre recommandée est suffisamment notifiée au voiturier lorsqu'il est prouvé qu'elle a été mise à la poste dans les trois jours.

III. — Le destinataire peut opposer au voiturier par voie d'exception la responsabilité tirée de l'avarie, du retard, de la perte, quand il ne peut plus agir contre lui pour ces mêmes causes.

IV. — L'action récursoire du voiturier poursuivi par le destinataire se prescrit par un mois lorsqu'elle est exercée à titre de garantie incidente et par un an lorsqu'elle est exercée à titre de garantie principale.

V. — Le point de départ spécial de la prescriptions en cas de transport pour le compte de l'État, ne s'applique qu'à la prescription de cinq ans.

Positions prises en dehors de la thèse.

DROIT ROMAIN.

I. — L'hypothèque de la chose d'autrui est valable, si le propriétaire devient l'héritier du constituant. *Sic* : Modestin, 1. 22 D. XX. 1. *Contra* : Paulus, 1. 41, D. XIII, 7.

II. — Le paiement fait par un débiteur, sur l'ordre du créancier, à un mandataire dont le pouvoir a été ensuite révoqué, est libératoire. *Sic.* : Ulpien, 1. 12, § 2, D. XLVI. 3 et 1. 3, § 12, D. XXIV. 1. *Contra* : Africain, 1. 38, § 1, D. XLVI. 3.

III. — La fidéjussion contractée *in duriorem causam* est nulle et non pas réductible.

IV. — Le copropriétaire qui a fait des dépenses utiles sur la chose commune ne peut pas en obtenir le remboursement.

DROIT CIVIL.

I. — La reconnaissance d'un enfant naturel, contenue dans un testament notarié, n'est pas révoquée par la révocation du testament.

II. — Lorsqu'une donation a fait l'objet d'une acceptation

par acte séparé, la notification peut en être faite par les héritiers du donataire.

III. — La légitimation d'un enfant, né de parents entre lesquels le mariage est prohibé pour cause de parenté ou d'alliance, ne peut résulter ensuite du mariage contracté par eux en vertu de dispenses.

IV. — Les donations de servitudes doivent être transcrites en vertu de l'article 2 de la loi du 23 mars 1855.

DROIT COMMERCIAL.

I. — L'autorisation de la justice est insuffisante, à défaut de celle du mari, pour permettre à la femme de faire le commerce.

ENREGISTREMENT.

II. — La dette des droits de mutation est une dette de la succession elle-même.

III. — Le principe de la non-distraction des charges d'une succession est contraire à l'équité.

ÉCONOMIE POLITIQUE.

IV. — Le meilleur mode d'exploitation des chemins de fer est l'exploitation par l'État.

Vu par le président de la Thèse,
P. V. BEAUREGARD.

Vu par le Doyen,
COLMET DE SANTERRE

VU,
et permis d'imprimer :
le vice-recteur
de l'Académie de Paris,
GRÉARD.

TABLE DES MATIÈRES

DROIT ROMAIN

DU LEGS DE LIBÉRATION.

DROIT FRANÇAIS

DE LA FIN DE NON-RECEVOIR ET DES PRESCRIPTIONS ÉTABLIES EN MATIÈRE DE TRANSPORT PAR TERRE.

Imp. G. Saint-Aubin et Thevenot, Saint-Dizier (Hte-Marne)). 30, passage Verdeau, Paris.